LE DIMANCHE

AU POINT DE VUE

HYGIÉNIQUE ET SOCIAL.

DEUX CONFÉRENCES

prononcées à Bâle

par

A. Hægler, Dr. en méd.

Traduction libre de l'allemand.

BALE.

C. F. SPITTLER, Libraire-Éditeur.

GENÈVE.

Société pour le repos et la sanctification du Dimanche.

1879.

LE DIMANCHE

AU POINT DE VUE

HYGIÉNIQUE ET SOCIAL.

DEUX CONFÉRENCES
prononcées à Bâle

par

A. Hægler, Dr. en méd.

Traduction libre de l'allemand.

BALE.

C. F. SPITTLER, Libraire-Éditeur.

GÈNEVE.

Société pour le repos et la sanctification du Dimanche.

1879.

Un concours ouvert en 1872 par la *Société suisse pour le repos et la Sanctification du Dimanche* sur l'importance du repos hebdomadaire au point de vue hygiénique, a été l'occasion de ces deux conférences.

Ce n'est pas que le Dr. Hægler ait lui-même présenté un travail au concours; mais, en sa qualité de membre du jury, il a eu à parcourir les nombreux manuscrits qui traitaient le sujet proposé, et, frappé de la force des arguments développés dans ces divers écrits, il s'est senti pressé de résumer ses impressions, pour en faire part au public. Son intention n'était pas de publier un nouveau traité sur le sujet, mais simplement de donner l'éveil, pour ainsi dire, et de recommander à ses auditeurs l'étude sérieuse de la question. Ce n'est que sur la demande qui lui en a été faite qu'il s'est décidé à publier ces conférences. Elles répondaient à un vrai besoin, puisque la première édition, imprimée à un grand nombre d'exemplaires, est près d'être épuisée.

A plusieurs reprises et de divers côtés nous avons été sollicité à publier une édition française de cette brochure. Mr. G. Henriod, à Fleurier, a bien voulu se charger de la traduire. Quoique libre — il le fallait pour qu'elle fût française —, cette traduction sera, nous l'espérons, appréciée des lecteurs comme l'a été l'original. En l'offrant au public, avec le consentement de l'auteur, nous exprimons l'espoir qu'elle contribuera à gagner des sympathies actives à la cause, éminemment humanitaire de l'observation du Dimanche.

L'ÉDITEUR.

Voici les titres de quelques-uns des écrits que l'auteur de ces conférences
a consultés et dont il recommande la lecture. Quelques-uns d'entre-eux sont
imprimés, et tous ont été couronnés par la Société suisse pour le repos et la
Sanctification du Dimanche, sans que pour cela elle déclare approuver
toutes les idées qui y sont contenues.

Général Ochsenbein, à Nidau. Die Heiligung des Sonntags in hy-
gienischer Hinsicht. Nidau, chez J. K. Kohler.

Dr. Paul Niemeyer, à Berlin. Le repos dominical au point de vue de
l'hygiène; trad. de l'allemand. Berne, chez Haller.

Dr. Francisque Garnier, à Lyon. Le droit au repos.

Charles Hill, à Londres. Le Dimanche, son influence sur la santé et
la prospérité nationale. Trad. de l'anglais. Genève, chez E. Béroud.

Dr. Zickero, à Kirchschlag, (Autriche): „Nicht die Grösse, sondern
die Dauer der Anstrengung ermüdet den menschlichen Leib.“

Dr. Ausloos, à Louvain (Belgique): „Le repos est père du mouvement,
générateur de la force et compagnon du travail.“

Dr. Schupp, à Lindau (Bavière): „Vertrau auf Gott und ehre deinen
Beruf.“

Dr. Grosjean, à Montmirail (France): Du repos du Dimanche au point
de vue hygiénique.

Dr. C. Hermann Schauenberg. Hygienische Studien über die Sonn-
tagsruhe. Berlin, chez Th. Grieben.

G. A. Brösel, pasteur à Rennersdorf, près Herrnhut. Das Recht des
Arbeiters auf den Sonntag. Leipzig, librairie du Vereinshaus.

Nous indiquons en outre les ouvrages de MM. **Eschenauer**, à Strasbourg;
Muller, Dr., à Altkirch; **W. Klein**, Dr., à Francfort s. M.; **Kalcher**, étu-
diant en médecine, à Wittemberg; **Rod. Walter**, Dr., à Freiberg (Saxe).

PREMIÈRE CONFÉRENCE.

Le Dimanche et l'Hygiène.

Messieurs,

Tout, dans notre siècle, se fait avec hâte et précipitation. A mesure que l'antique simplicité disparaît devant les inventions modernes, et que la concurrence, activée par les chemins de fer et les télégraphes, demande une exécution toujours plus prompte des diverses commandes, on voit la société se précipiter dans une course toujours plus accélérée et comme dans une danse effrénée autour du veau d'or de la richesse. Ceux même qui croient n'assister à cette scène qu'en qualité de spectateurs, se trouvent entraînés dans le tourbillon. Les sciences et les arts se frayent des voies auxquelles personne autrefois n'aurait pensé et créent des moyens de jouissance ; mais les désirs de bien-être augmentent en proportion, chacun voit s'accumuler devant soi de nouveaux devoirs, et ce que l'on pouvait faire jadis à tête reposée doit s'exécuter aujourd'hui à la hâte.

Qu'en résulte-t-il ? Les besoins se multiplient, l'agitation devient générale, la fièvre augmente, et nous entendons s'élever, toujours plus distincte, au milieu du tumulte universel, une plainte persistante. Tantôt c'est un soupir, celui de l'homme qui est à bout de forces ; tantôt c'est une réclamation nettement formulée : diminution des heures de travail. Mais l'épuisement des forces physiques n'est pas le seul mal dont nous ayons à souffrir. La fatigue du corps exerce une fâcheuse influence sur l'esprit, trouble son équilibre, le rend incapable de s'élever à de nobles pensées et favorise de développement des passions et des appétits sensuels. Il en résulte que la plaie du corps social devient toujours plus profonde et que les principes de décomposition s'y accumulent. Une surexcitation aussi générale ne peut pas durer sans que les esprits tombent dans un état d'irritabilité chronique. Aussi voyons-nous les malentendus, les tiraillements, les luttes sociales s'aggraver, s'envenimer de plus en plus, et les besoins matériels réclamer avec audace une prompte satisfaction.

Si le présent s'assombrit ainsi, qu'avons-nous à attendre de l'avenir? Plusieurs de nous contemporains doutent que nous puissions échapper à un bouleversement social. Et pourtant il ne serait pas impossible de prévenir l'orage que l'on nous annonce, mais il faudrait, pour cela, utiliser toutes les ressources qui sont à notre portée. Il faudrait accorder à tous les hommes indistinctement ce qui leur est dû, c'est-à-dire la part d'estime et de charité que nous réclamons pour nous-mêmes; il faudrait que le christianisme, professé par tant de gens de diverses confessions, fût pratiqué; alors les contrastes criants, les divisions si souvent déplorées ne seraient plus possibles.

Je laisse à d'autres le soin de nous exposer en détail ce que nous avons à faire dans ce domaine, et je m'attacherai, pour ma part, à un côté spécial de la grande question sociale. S'il est vrai que la fatigue, l'épuisement du corps est l'une des causes du malaise de la société actuelle, il ne saurait être indifférent d'observer ou de négliger le repos du Dimanche. — Que peuvent, dira-t-on, quelques heures de repos pour le bien de la société? Je répondrai qu'elles peuvent beaucoup, car si vous les méprisez, ces quelques heures, en les consacrant au travail ou à la dissipation, vous violez les lois les plus élémentaires de la nature humaine, et vous contribuez ainsi, pour une grande part, à la ruine matérielle et morale des individus, des familles et de la société. Il est inutile de rêver au progrès social, si l'on foule aux pieds les lois de l'hygiène, et l'hygiène, de son côté, réclame impérieusement le repos du Dimanche.

C'est donc, MM., de l'importance du Dimanche au point de vue hygiénique et social que je vais vous entretenir. Le côté hygiénique de la question fera l'objet de cette première conférence; dans une seconde nous considérerons le jour du repos sous ses différents aspects et nous montrerons combien, à tous égards, il répond aux besoins de l'humanité.

La question *hygiénique* peut paraître à quelques-uns tout-à-fait secondaire, lorsqu'il s'agit de la sanctification du Dimanche, et je conviens que, pour les croyants, la question religieuse est ici de beaucoup la plus importante. Cependant il arrive souvent que, lorsque la loi divine n'est pas reconnue de tous, la science vient prouver de la manière la plus irréfutable combien elle est juste et nécessaire. C'est le cas, en particulier, dans le sujet qui nous occupe, et nous dirions volontiers avec Mr. Michel Chevalier: „Faisons le Dimanche au nom de l'hygiène, si ce n'est au nom de la religion“. Au reste, le croyant, lui aussi, sera mieux à même de gérer le capital de ses forces, et d'accomplir sa tâche en ce monde, s'il connaît les lois de sa nature corporelle et spirituelle que s'il les ignore.

J'ajoute que ce qui contribue à entretenir la santé du corps ne peut que faciliter l'essor des facultés de l'âme, car l'harmonie, souvent absente des œuvres de l'homme, ne manque jamais à celles de Dieu. Il existe une relation tellement intime entre la vie spirituelle et la vie corporelle que l'une ne peut se développer d'une manière normale sans que l'autre en profite. Il est impossible de sanctifier le Dimanche si l'on ne commence pas par consacrer ce jour au repos du corps, et d'autre part le repos ne peut contribuer à la santé générale de tout notre être que s'il est sanctifié. Aussi n'est-il, à ma connaissance, pas une seule institution divine, encore moins une institution humaine, qui corresponde mieux que le Dimanche à la nature à la fois physique et spirituelle de l'homme civilisé. A quelque point de vue qu'on l'envisage, cette institution porte le sceau de son origine divine, et, si nous voulons contribuer en quelque mesure au bien de tous, nous ne saurions mieux faire que de recommander avec insistance l'observation de ce jour.

Cela dit, abordons maintenant notre sujet, et commençons par rappeler brièvement ce qu'on entend par cette science qui s'appelle l'hygiène.

1.

L'hygiène, le travail et le repos.

L'hygiène a pour tâche de déterminer les conditions nécessaires au maintien de la santé. Un champ très vaste s'ouvre devant elle, et rien de ce qui concerne la vie de l'homme, les habitudes et les institutions de la société ne doit rester en dehors de sa prévoyante activité. La santé, en effet, et la force de production de l'homme ne dépendent pas seulement du fonctionnement régulier de ses organes corporels, mais aussi du développement normal de son imagination, de sa sensibilité, de sa volonté. Pour se bien porter, il faut vouloir et agir avec énergie, il faut poursuivre un but digne de la vie et entreprendre avec entrain le travail qui nous est confié. Après tout, ce qui détermine la valeur d'un homme et la place qu'il occupe en ce monde, ce sont ses œuvres, ou, mieux encore, ce qu'il est capable d'accomplir avec le concours de toutes ses facultés et l'effort de son être tout entier. La relation intime de l'âme et du corps donne à notre science une portée morale, et, bien qu'elle se meuve dans le domaine des choses sensibles et matérielles, elle a aussi son mot à dire dans les questions d'un ordre plus relevé. Par les améliorations de tous genres qu'elle apporte à notre condition terrestre, elle transforme insensiblement nos goûts et nous apprend à combattre ce qui est contraire à notre dignité morale. Il rentre donc dans ses attributions de lutter contre l'abâtardissement corporel et spirituel qui résulte d'un travail excessif ou d'un emploi peu judicieux du repos.

Quels sont les agents, quelles sont les forces diverses dont le concours est nécessaire au développement normal de tout notre être? Telle est la première question que se pose l'hygiène.

Ces agents sont nombreux. La *lumière*, par exemple, est indispensable à tout ce qui a vie, et nous ne pouvons rester en dehors de son action sans dépérir, comme des plantes placées dans l'obscurité. Les différents *fluides électriques, l'air, les aliments* sont autant d'agents vitaux qui entretiennent et développent en nous les forces de la vie. Nous pouvons mentionner aussi l'influence considérable exercée sur notre santé par les *forces spirituelles*, par les émotions de la joie, de l'espérance, de la confiance, de la foi, comme aussi, en sens inverse, par le chagrin, la mauvaise humeur, la haine, le découragement, etc. Nous aurons l'occasion, plus tard, de montrer combien le Dimanche est nécessaire pour rétablir ou maintenir en nous l'équilibre de toutes ces forces morales, ainsi que pour favoriser l'action des agents physiques que nous avons mentionnés.

Pour le moment, j'ai hâte d'en venir à l'un des agents qui concourent de la manière la plus efficace au maintien de la santé, je veux dire: *le travail*. C'est lui qui fortifie nos membres et les endurcit, tout en leur donnant de l'agilité; c'est lui, d'ailleurs, qui nous fournit les moyens de vivre; c'est lui qui fait naître en nous le sentiment de notre dignité, en nous procurant la joie qui découle du devoir accompli. Enfin il dirige nos pensées au-delà de cette vie, en nous faisant comprendre que, pour avoir un trésor durable, il faut travailler à l'acquérir.

Mais le travail n'est plus seulement un plaisir; il est devenu, dans notre condition présente, une obligation, et c'est à la sueur de son visage que l'homme doit manger son pain. Cette loi du travail obligatoire concerne tous les hommes; c'est un devoir auquel personne n'a le droit de se soustraire.

Les forces que nous possédons demandent à être employées; l'homme qui les laisse se perdre dans l'inaction est mort avant de mourir, mort pour la société, une nullité dans la grande famille humaine.

Ce ne sont pas seulement ces considérations morales qui font du travail une obligation. Les nécessités de la vie sont là, pressantes, elles se renouvellent tous les jours, et l'activité humaine n'a pas de levier plus puissant. Il est difficile de déterminer le nombre d'hommes sans fortune qui vivent uniquement de leur travail; en tous cas il est grand. En Prusse, d'après les données officielles, sur 100 hommes il n'y en a pas 72 qui possèdent 350 francs de revenu. On peut admettre que chez nous aussi les 4/5 de la population n'ont pas d'autres ressources que celles qui proviennent du travail quotidien. Il est fort heureux qu'il en soit ainsi, car s'il est un certain nombre d'hommes qui se sentent poussés au travail par des motifs d'un ordre élevé, tels que le patriotisme, l'intérêt pour la science, l'amour de Dieu et de l'humanité, il y en a bien plus encore qui resteraient oisifs si l'aiguillon de la nécessité ne se faisait sentir. La loi du travail est un frein salutaire imposé aux dispositions les moins nobles de notre nature: ce frein disparaissant, il n'y aurait plus de progrès que dans le mal.

De nos jours, à la vérité, tout semble calculé pour rendre cette loi du travail plus dure et plus exigeante que jamais. Tout renchérit, et l'ouvrier ne voit pas son salaire augmenter; heureux encore lorsque, dans les époques de crise industrielle, il ne le voit pas diminuer de beaucoup. Aux besoins réels de la vie s'ajoutent des habitudes plus ou moins coûteuses, qui, peu à peu, entrent dans les mœurs et créent de nouveaux besoins. Que des événements imprévus viennent diminuer vos économies, que votre famille s'accroisse et grandisse, et vous voilà obligé de consacrer toutes vos forces à la seule lutte pour l'existence. Ce ne pas seulement le cas des manœuvres, gardons-nous de le croire, ils n'ont pas seuls le privilège d'être des „travailleurs". Que dites-vous, par exemple, de cette mère de famille — je veux même supposer qu'elle se trouve dans une position aisée — qui, dès le matin de bonne heure et souvent tard dans la nuit, est appelée à diriger son ménage, à élever ses enfants, à mettre la main à tout dans sa maison, à veiller sur l'honneur et la prospérité de sa famille, sans parler des mille petits détails auxquels elle doit penser, parce qu'ils sont inséparables des devoirs de sa position? Certes, elle ne travaille pas moins que l'ouvrier maçon qui se rend à heure fixe à son travail, puis revient au logis à une autre heure également fixe, pour y jouir d'une pleine liberté; car, cet ouvrier ne se laisse pas enlever, pendant la durée de son travail, ses *longs* intervalles de repos à certains moments déterminés, et il s'acquitte ordinairement de sa tâche avec calme et mesure.

Elle est donc plus nombreuse qu'on ne le croit l'armée des travailleurs ; elle est répandue dans toutes les classes de la société. Malheureusement il devient de plus en plus impossible à une multitude de gens de travailler avec joie ; la folie de l'homme a changé en eau trouble et amère ce qui, dans les vues de Dieu, devait être une source de bénédictions. Le gain, devenu la règle unique de bien des entreprises, a trop souvent poussé les hommes à exploiter leurs semblables. Là même, où il n'y a ni injustice, ni égoïsme à blâmer chez les hommes, les difficultés du temps actuel sont telles qu'un grand nombre de nos semblables gémissent sous le poids d'un travail ininterrompu, privés à la fois des rayons du soleil de la nature et des joies de l'âme.

Il ne faut pas qu'il en soit ainsi. Le travail, destiné à nous apporter la santé, la force, le contentement d'esprit, le travail, qui nous prépare une vieillesse joyeuse et vigoureuse, qui nous relève à nos propres yeux et nous gagne la considération de nos semblables, ne doit pas devenir pour nous une source de malédiction.

Or, qu'est-ce qui l'empêchera de dégénérer en un mal ? Qu'est-ce qui lui fera porter tous ses bons fruits ? C'est le retour régulier des jours de repos.

Le *repos*, aussi bien que le travail, a sa place légitime et son rôle nécessaire dans le développement de la vie. Les lois morales qui règlent la marche du monde le réclament et ne se laissent pas violer impunément.

En effet, aucun travail n'est possible sans une dépense de forces, et, si le travail se prolonge sans alterner avec le repos il est évident que l'épuisement ne tardera pas à se produire.,

On a comparé les agents vitaux dont nous avons parlé plus haut (lumière, atmosphère, électricité, etc.) aux forces mécaniques, telles que l'eau, le vent, la vapeur, qui entretiennent le mouvement d'un moulin, d'une fabrique ou d'un mécanisme quelconque, tandis que le corps humain, de son côté, représenterait une fabrique perfectionnée ou un ensemble d'appareils et de machines fonctionnant d'une manière organique. Cette comparaison est juste à bien des égards, bien qu'il ne faille pas oublier que l'homme dispose de forces bien autrement importantes que les forces chimiques ou physiques, et que la libre volonté de l'esprit peut modifier de bien des manières le fonctionnement des organes corporels. Dans le cas qui nous occupe, l'usure d'une machine peut donner une juste idée de l'épuisement corporel et spirituel qui résulte d'un travail excessif. Une machine qui fonctionnerait sans interruption s'userait beaucoup plus vite et d'une manière plus irréparable qu'une autre machine dont on suspendrait de temps en temps la marche pour verser de l'huile dans ses rouages ou pour réparer ses avaries à mesure qu'elles se produiraient. Il en est de même du corps humain, avec cette différence que, même à l'état de repos, ce dernier entretient dans ses divers organes un mouvement perpétuel, d'où il résulte qu'il s'use plus promptement qu'une machine inerte. En outre, lorsque les diverses parties d'une machine se détériorent, elles peuvent être remplacées, tandis que, dans le corps humain, une infirmité en amène bientôt une autre, en vertu de la loi qui veut que lorsqu'un membre souffre, les autres membres et le corps entier finissent par souffrir avec lui. Si nous considérons de près la nature vivante, nous voyons que tout effort et tout mouvement ne peuvent se répéter d'une manière durable qu'à la condition d'alterner avec le repos. La *terre* elle-même, le *sol* a besoin de repos, car il participe, lui aussi, au mouvement perpétuel de toute la création, et il n'est pas jusqu'aux blocs de rochers et aux couches de terrain qui ne se modifient insensiblement. Dès les temps les plus reculés, les hommes ont remarqué que le sommeil annuel de la terre pendant la saison morte ne suffit pas pour que le sol conserve sa fertilité, et l'usage s'est introduit de laisser pendant un an les champs en jachère après plusieurs années de culture. De nos jours encore l'agriculteur entendu et prudent se conforme à cet usage, ou du moins il ne demande pas toutes les années à un même champ les mêmes récoltes, mais il varie les cultures.

Les *plantes* se reposent en hiver, afin de réparer les pertes qu'elles ont faites pendant leur travail de production. Certaines espèces sont sujettes à un sommeil particulier qui n'est autre que l'état d'épuisement résultant d'une activité productrice prolongée.

A mesure que nous nous élevons dans l'échelle des êtres créés, nous voyons la vie devenir plus intense et plus riche, mais aussi le besoin de repos se faire sentir d'une manière plus marquée. Il est facile de faire cette observation en passant du monde végétal au *monde animal*. Les bêtes sauvages, libres dans leurs mouvements et dans toutes leur activité, peuvent se passer d'intervalles réguliers de repos ; elles se reposent lorsqu'elles en sentent le besoin. Mais il n'en est pas de même des bêtes de somme soumises à un travail suivi. La quantité de forces qu'elles dépensent en un jour de travail est plus grande que celle qu'elles acquièrent par le moyen de la nourriture et du repos de la nuit. Si donc le jour de repos périodique, qui seul peut compenser cette perte, ne leur est pas accordé, elles ne tardent pas à s'épuiser et à périr, victimes de la barbarie et de l'inintelligence de leurs maîtres. Aussi voyonsnous les Juifs et les Chrétiens raisonnables mettre ces fidèles serviteurs de l'homme au bénéfice de la loi sainte du sabbat.

Les faits que nous allons citer prouvent que notre thèse ne repose pas sur de simples conjectures:

L'administration d'un service de fiacres en Angleterre se décida, sur la demande d'une Société protectrice des animaux, à laisser à une partie des chevaux qu'elle employait un jour de repos sur sept, tandis que l'autre partie continuait à travailler tous les jours, sans interruption. Il se trouva, il est vrai, que ces derniers procuraient momentanément à la compagnie un gain supérieur, mais ce bénéfice était en réalité diminué de beaucoup par les pertes résultant de l'épuisement des chevaux.

Le Dr. Niemeyer raconte dans son écrit sur le repos du Dimanche au point de vue hygiénique le fait suivant, qui lui vient de source sûre: „Avant la construction des chemins de fer, lorsque le transit des marchandises était remis à des voituriers qui parcouraient avec leurs chevaux des centaines de lieues de l'Est à l'Ouest, cheminant pendant 8 à 10 semaines consécutives, des amis et des adversaires du repos dominical firent un pari. Deux conducteurs ayant des chevaux de même force, des voitures de même poids et la même charge devaient partir ensemble un lundi matin pour la même destination, l'un avec l'ordre de faire reposer son attelage tous les Dimanches, l'autre devant au contraire continuer sa marche sans interruption. Quel fut le résultat? Des voitures pesamment chargées ne peuvent franchir en un jour qu'une distance de vingt-cinq à trente kilomètres environ; l'adversaire du Dimanche gagna, la première semaine, trente kilomètres sur l'autre voiturier et ainsi de suite. Mais, la sixième semaine, ce dernier regagna l'avance de son concurrent et parvint à destination au temps fixé, sans que ses chevaux fussent fatigués, tandis que l'autre attelage, à bout de forces, exténué, n'arriva au but que plus tard.“

Après bien des expériences de ce genre, et aussi, il faut le dire, par égard pour les voituriers eux-mêmes, les administrations anglaises de fiacres et d'omnibus ont commencé à réagir énergiquement contre le travail du Dimanche. A Londres, les cochers de fiacres sont divisés en deux catégories reconnaissables à des numéros particuliers ; l'une ne comprend que les employés qui se reposent le Dimanche et l'autre ceux qui travaillent sans interruption. En 1854, 570 cochers de fiacres sur un nombre total de 2745 observaient le Dimanche ; en 1861 la proportion était déjà de 1605 sur 4972, en 1868 elle atteignait le chiffre de 2356 sur 5826.

Et maintenant, s'il est vrai qu'un repos revenant à intervalles réguliers est absolument nécessaire à tout ce qui vit sur la terre ; si le sol, les plantes, les animaux, et spécialement ceux d'entre les animaux qui sont associés aux travaux de l'homme, ne peuvent conserver leur vigueur qu'à la condition de renouveler périodiquement leurs forces, en serait-il autrement de *l'homme civilisé,* c'est-à-dire, de celui de tous les êtres terrestres en qui la vie acquiert le plus d'intensité ? La vie intellectuelle et spirituelle qu'il a reçue en partage augmente considérablement la dépense de forces de son organisme physique, car si ses membres ne sont pas toujours en action, son esprit ne cesse pas de penser, et le travail de la pensée exige un travail correspondant des organes les plus déliés du corps. Il en résulte que les forces de l'homme sont mises à l'épreuve d'une manière beaucoup plus continue et plus sérieuse que celles des êtres qui lui sont inférieurs. Nous ne parlons ici, il va sans dire, que des hommes qui ont le privilège d'avoir une tâche en ce monde. Si quelqu'un a le malheur d'ignorer ce que c'est que le travail, il n'a pas besoin du repos du Dimanche.

2.

Les diverses fonctions de notre organisme, et le besoin de repos.

Après avoir montré d'une manière générale combien le repos est nécessaire à tout ce qui existe, à l'homme en particulier, nous pouvons donner à notre étude un caractère plus spécial en abordant les différentes fonctions de notre vie physique.

Commençons par cet ensemble d'organes sans lesquels notre corps ne serait qu'une masse inerte, dépourvue de toute élasticité ; je veux dire :

LE SYSTÈME NERVEUX.

Lorsque nos nerfs sont soumis à l'action d'une force mécanique ou chimique, lorsqu'ils subissent un attouchement ou sont exposés, par exemple, à l'influence de la lumière, de la chaleur, de l'électricité, il se produit immédiatement en eux un mouvement rapide, une sorte de courant, qui se propage jusqu'au centre de notre système nerveux : le cerveau. On ne saurait mieux comparer ce mouvement de la substance nerveuse qu'à un courant électrique, et l'on voit même dans certains cas l'électricité remplacer ou stimuler le travail des nerfs. L'agitation des atômes nerveux ne cesse jamais complétement dans notre corps, bien qu'elle soit beaucoup moins considérable lorsque nous sommes à l'état de repos que pendant le travail. Si le travail se prolonge outre mesure, on ne tarde pas à remarquer dans l'activité des nerfs un *relâchement* qui doit avoir pour cause une sorte de décomposition très-rapide de la substance nerveuse. Un nerf soumis à l'action répétée et persistante d'une force quelconque finit par devenir complétement insensible à ce genre de sollicitations, tout en restant, vis-à-vis d'autres influences et d'autres impressions, aussi sensible que s'il n'avait éprouvé aucune fatigue.

Ces vérités, à l'appui desquelles la physiologie peut citer nombre d'expériences faites sur des corps vivants, sur des animaux en particulier, nous expliquent bien des phénomènes de la vie ordinaire. C'est là que nous devons chercher la cause du sentiment de fatigue et d'épuisement, du dégoût que nous inspire telle occupation à laquelle nous nous étions livrés précédemment avec ardeur. Le relâchement de certains nerfs ou groupes de nerfs dont souffrent les personnes que leur vocation appelle, par exemple, à faire de la musique ou à l'entendre continuellement, à parler longtemps et souvent, à calculer sans trève, en un mot, à exercer sans interruption suffisante une activité quelconque, ce relâchement, dis-je, cette lassitude n'a rien que de naturel, quand nous pensons à l'extraordinaire activité que tout ce travail exige de notre système nerveux. Il est très facile de comprendre aussi pourquoi nous éprouvons le besoin de varier nos occupations : instinctivement nous sentons que nos nerfs se reposent en recevant des impressions nouvelles.

La *pensée*, elle aussi, a besoin de se porter sur des sujets variés. Il est indispensable aux hommes de bureau, à ceux qui sont voués à un travail de tête tout mécanique de l'interrompre, pour se livrer, soit à des travaux manuels, soit à une activité intellectuelle qui éveille dans l'esprit des idées nouvelles : étude de la nature, lectures utiles, délassements de la musique et d'une société agréable. Le travail de la semaine, si l'on ne s'en affranchit jamais, émousse les sens, nuit à l'intelligence, au point de transformer une individualité en un simple zéro, et l'admirable organisme de notre être en un automate qui n'a plus de l'homme que la forme extérieure.

Nous pourrions citer un grand nombre de vocations faciles en apparence, parce qu'elles n'exigent pas un travail pénible, et qui cependant sont de nature à émousser complétement l'esprit, et pourquoi? — parce qu'elles forcent l'attention à se concentrer tout entière sur un point toujours le même, sur une tâche restreinte, uniforme, monotone, qu'une machine perfectionnée accomplirait aussi bien qu'un homme. Quel n'est pas, pour ceux qui se voient engagés dans de pareilles vocations, le prix du Dimanche? Ce jour est pour eux un véritable libérateur qui les fait sortir du cercle étroit où ils vivent et les récrée, dans le sens complet et profond de ce mot, en offrant à leur intelligence un horizon plus vaste et un but plus élevé. Leur enlever le Dimanche, c'est les condamner à un vrai dépérissement intellectuel et moral.

La position des *garde voies* et des *aiguilleurs* est à cet égard réellement déplorable. Pour un maigre salaire ils sont là, dès le commencement du jour et jusqu'à une heure avancée de la nuit, cloués à leur place avec le sentiment d'une responsabilité redoutable, condamnés à fixer leur regard sur la ligne, à veiller sur la voie, à dresser ou à rabaisser leurs aiguilles, tandis que, bien souvent, un soleil ardent les accable et les hébète. Aucune différence pour eux entre le Dimanche et les jours ouvrables; ce n'est que dans les gares importantes qu'il leur est possible, et encore rarement, d'obtenir de temps en temps quelque congé. Aussi ce qui nous étonne ce n'est pas qu'ils s'usent promptement à ce service, mais bien plutôt que les cas d'accidents provenant d'aiguilles mal faites ne soient pas plus fréquents. Et lorsqu'un accident survient, quelle n'est pas la sévérité des peines infligées à l'aiguilleur! Or, n'est-ce pas plutôt l'administration qui est ici responsable, puisqu'en imposant à ses employés un travail excessif et en leur refusant le repos nécessaire, elle les rend incapables de remplir convenablement leurs fonctions? Aussi arrive-t-il que les causes premières de l'incapacité que nous signalons, ces causes qui se rattachent à tout l'ensemble du genre de vie des employés, échappent généralement à l'observation des employés supérieurs. C'est là une vieille expérience. On n'ouvre les yeux que lorsque les symptômes sont assez graves pour mettre un homme hors de service ou lorsqu'il est trop tard pour remédier au mal.

Indépendamment du travail auquel sont soumis les nerfs, *le milieu dans lequel nous vivons* contribue pour beaucoup à augmenter ou à diminuer en nous la sensibilité nerveuse. Elle diminue, p. ex., à mesure que la température extérieure s'élève ou s'abaisse, comme c'est le cas dans les demeures des pauvres, où nous trouvons tantôt une chaleur suffocante, tantôt un froid excessif. Elle diminue encore dès que les nerfs ne sont plus convenablement humectés ou dès qu'ils le sont trop. D'autre part, si un nerf devenu insensible par suite du manque d'humidité est humecté de nouveau, ou si, après avoir été trop détrempé, il est ramené à son état normal, il retrouve sa sensibilité. La proportion d'eau qui entre dans la composition de la substance nerveuse est considérable: elle s'élève au 80%. Or, l'ouvrier qui gagne son pain à la sueur de son visage perd évidemment une grande quantité d'eau, soit par la transpiration, soit par la respiration; de même celui qui est astreint à un travail sédentaire dans un atelier peu aéré ne reçoit pas la quantité d'oxygène nécessaire à la formation de l'eau qui doit alimenter les nerfs. Il en résulte une diminution dans la sensibilité nerveuse et par conséquent dans l'élasticité et la vigueur du corps. Mais le repos, la libre respiration, avec un mouvement modéré en plein air, ramènent les nerfs à leur état normal, et ce n'est pas là un des moindres bienfaits du jour qui nous est donné pour renouveler nos forces.

LES SENS.

Ce n'est pas sortir du domaine des nerfs que de parler des sens, puisque c'est aux nerfs que l'odorat, l'ouïe, la vue, etc., doivent leur finesse et leur sensibilité. On comprendra donc facilement d'après ce qui précède, pourquoi les différents organes de la sensation ont besoin, eux aussi, de repos.

L'odorat ne peut, sans s'affaiblir, rester longtemps exposé à l'atmosphère viciée d'un atelier ou d'une chambre étroite; les nerfs du nez s'y dessèchent et perdent bientôt leur sensibilité et leur force. L'homme de bureau et l'ouvrier sortent souvent d'une chambre à coucher dont l'air est chargé de substances nuisibles, pour entrer dans un atelier ou dans une salle également malsaine, après quoi la journée se termine dans l'auberge enfumée. Or, l'odorat est une sentinelle chargée de veiller sur la santé des poumons et de contrôler l'air que nous respirons. L'affaiblissement de ce sens est souvent la cause des maladies que les poumons puisent dans une atmosphère malsaine. Mais si l'on est exposé le Dimanche à l'air de la montagne et des forêts, le voilà qui se réveille de son profond sommeil, les organes de la respiration se dilatent d'eux-mêmes, et le corps entier ne tarde pas à subir l'influence bienfaisante d'un air vivifiant.

L'ouïe aussi est exposée à bien des assauts, au milieu de la poussière d'un bruyant atelier. C'est un fait qu'un très grand nombre d'ouvriers perdent plus ou moins ce sens à la suite d'un ébranlement trop rapide et trop habituel des nerfs acoustiques. La transpiration et l'épuisement général du corps ont à leur tour pour résultat le desséchement des nerfs nombreux et particulièrement fins de l'ouïe, et ces nerfs, une fois desséchés, sont incapables de transmettre les ondes sonores. Cette infirmité serait bien souvent évitée ou du moins considérablement retardée dans sa marche, si le Dimanche était pour l'ouvrier un vrai jour de repos. Que ne sait-il profiter de ces heures de liberté pour rester éloigné de tout ce qui est de nature à irriter les nerfs de son oreille fatiguée et pour se retirer dans le silence de la forêt ou dans la paix du foyer domestique!

Plus encore que les autres sens, *l'œil* a besoin de repos, et ce repos ne peut être remplacé ni par des lunettes, ni par aucun des moyens auxquels on peut avoir recours pour fortifier la vue. Le repos, quelques bonnes heures passées au milieu des champs, dans la forêt, au sein de la verdure, voilà ce qui préserve l'œil des maux souvent graves qui sont la suite d'un travail assidu, spécialement dans certaines vocations, là où des ouvrages fins et peut-être un éclairage défectueux exigent une forte tension du nerf optique.

LES MUSCLES.

Les muscles, ou la chair proprement dite dont notre organisme est revêtu, se contractent et se détendent sous l'action des nerfs, et par ces contractions ils provoquent les différents mouvements de notre corps. Ayant, pour ainsi dire, à porter et à soulever nos membres, ce sont eux qui, les premiers, éprouvent le besoin du repos. L'abattement, les douleurs que nous ressentons dans les membres, la courbature sont les symptômes ordinaires de la fatigue, mais on peut aussi constater scientifiquement de la manière la plus exacte la perte de force des muscles. Les expériences faites au moyen du dynamomètre donnent les résultats suivants: un homme de force moyenne exerçant des efforts de traction sur un dynamomètre fixé à la hauteur du sol, soulève au bout de la troisième seconde un poids de 60 kilogrammes, au bout de la dixième seconde, 45 kilogrammes, au bout de la trentième, 30 k., enfin pendant la quarante-quatrième seconde, il ne soulève plus que 20 kilogr. Voici l'explication de ce fait: les fibres musculaires sont élastiques; lorsqu'elles ont été tendues, elles se contractent de nouveau; mais si la tension a été très forte et prolongée, elles

2

ne peuvent plus se contracter autant que précédemment. Elles restent un peu allongées, comme c'est le cas pour un fil de gomme élastique que l'on aurait maintenu longtemps dans un état de forte tension. Il en résulte que, lorsqu'un effort se prolonge, la contraction des muscles devient toujours plus difficile et plus incomplète.

Nos muscles sont mis en réquisition pour tous nos mouvements, quels qu'ils soient, volontaires ou inconscients. Aussi est-il évident qu'ils ne peuvent conserver leur souplesse et leur force qu'à la condition de n'être pas soumis à de trop grands efforts, de se reposer de temps en temps et d'être nourris d'un sang riche et oxygéné. Mais nous verrons bientôt que souvent ces conditions ne sont pas remplies; le repos est — pour l'ouvrier — généralement insuffisant, l'alimentation si indispensable des muscles par l'oxygène du sang souffre généralement d'un déficit qui ne peut être couvert que par le retour régulier d'un jour complet de repos. „Le travail use l'élasticité de nos membres — ainsi s'expriment deux savants distingués, von Pettenkofer et Voit — et bientôt elle disparaîtrait complètement, si nous n'avions pas une sorte de réservoir destiné à emmagasiner nos forces ou, pour employer une autre comparaison, un ressort qu'il s'agit de remonter régulièrement pour que la machine puisse continuer à fonctionner.“ Or, quand ce ressort pourra-t-il se tendre de nouveau, quand ce réservoir se remplira-t-il, si le travail continue sans arrêt et sans jour de repos?

LA CIRCULATION DU SANG.

De tous les muscles le *cœur* est celui qui souffre le plus et de la manière la plus grave d'un travail forcé. Même lorsque nous nous livrons au repos le plus complet de corps et d'esprit, il est un travail qui s'accomplit jour et nuit dans notre corps; c'est celui de la contraction et de la dilatation du cœur. On a calculé que, dans les conditions normales, chaque contraction de cet organe projette environ 175 centimètres cubes de sang; or on compte chez un adulte environ 70 palpitations par minute. Le travail mécanique accompli par le cœur en une minute s'élève donc à 30 kilogrammètres, ce qui fait, pour un jour de 24 heures, 40 à 50,000 kilogrammètres. Déjà considérable en soi, cet effort est encore augmenté de beaucoup par les travaux corporels ou intellectuels qui remplissent nos journées, ainsi que par les émotions ou les passions qui nous agitent, et l'on comprend que, plus nous sommes impressionnables, plus aussi le travail de la circulation du sang devient rapide et fiévreux.

Différentes causes contribuent encore à augmenter l'activité du cœur et à rendre souvent très-difficile le fonctionnement régulier de cet organe : tout obstacle, par exemple, qui entrave la circulation du sang dans les veines amène une désorganisation dont le cœur a plus ou moins à souffrir. C'est le cas dans bien des travaux manuels, lorsqu'un muscle, gonflé par un violent effort, comprime une artère contre un os ou qu'une articulation se plie trop brusquement et trop longtemps de manière à fermer une veine et à retarder dans sa course le sang qui circule. Si des désordres de ce genre se produisent fréquemment ou se prolongent trop, le sang s'amasse dans certaines parties du corps pour remonter bientôt dans les artères les plus importantes et jusque dans le cœur ou les poumons. De là une augmentation considérable du travail du cœur et même un élargissement maladif de cet organe. Les symptômes de ce reflux du sang correspondent à ce que l'on appelle ordinairement *congestion*.

Souvent ces désordres dans la circulation du sang se produisent chez les personnes vouées à des occupations sédentaires; obligées de travailler en se tenant penchées en avant, elles ne respirent pas convenablement, et dès le moment où l'air ne vient pas en quantité suffisante dilater la poitrine, le sang ne peut plus circuler librement. Si le sang des grandes veines du foie et du canal intestinal est retardé dans sa course, il en résulte toute espèce d'inconvénients qui trop souvent engendrent une humeur sombre et chagrine; les hémorroïdes sont la plaie des personnes sédentaires, et le moyen de les prévenir n'est autre que le mouvement en plein air et en général une interruption prolongée et périodique du travail sédentaire.

Lorsque nous étendons nonchalamment nos membres pour prendre la position qui nous est le plus agréable, nous obéissons à une sorte d'instinct, qui nous pousse à prévenir ces arrêts dans la circulation du sang. C'est pour cela que les enfants ont de la peine à garder longtemps la position contrainte qu'ils doivent prendre à l'école, et que les voyageurs, dans les chemins de fer, s'étendent aussi commodément que possible, cherchant à éviter l'engourdissement des membres. Mais l'homme qui travaille n'a pas le choix de cette position commode et dégagée. Les enfants en classe, serrés assez étroitement entre la table et le banc, ne peuvent pas étendre suffisamment les jambes, et, comme le banc est peu large, dur et sans dossier, ils ont le haut du corps penché sur la table. Il en résulte une pression exercée sur les deux grandes artères qui vont du ventre aux jambes. Si l'enfant écrit ou calcule en ayant les pieds posés sur la planche qui longe la table à deux pouces au-dessus du parquet, les veines des articulations des pieds, des genoux et du coude sont comprimées par leur flexion, tandis que le cou et la tête sont inclinés d'une manière forcée; comme en outre la place est petite, que le cahier est généralement placé de travers et que le bras droit seul repose sur la table, l'épaule droite et avec elle la clavicule sont tellement tordues que l'on voit souvent, dans les écoles, la taille des enfants se déformer et l'épine dorsale se courber, sans parler de l'affaiblissement de la vue.

On nous pardonnera cette disgression qui sert d'illustration à notre thèse. En effet, les enfants des écoles ne sont pas seuls à souffrir de ces inconvénients. Un grand nombre *d'hommes de bureau* passent une grande partie de leur vie devant leur table à écrire. Combien de jeunes gens, en particulier, au moment où ils grandissent et où le grand air, le soleil, le mouvement leur seraient le plus nécessaires, sont condamnés à passer la journée du matin au soir et souvent encore une bonne partie du Dimanche dans des études de notaires ou dans des comptoirs de commerce. Cloués, pour ainsi dire, à leur table à écrire, ils contractent des germes de maladie, leur développement corporel est comprimé, et les voilà, dès leur jeunesse, la proie assurée des scrofules, des phtisies et de toutes sortes d'infirmités.

Il en est de même des *couturières* et des *brodeuses* qui, du matin au soir, sont penchées sur leur ouvrage, passant la journée dans une immobilité presque complète. Malaises d'estomac, maladies nerveuses, palpitations, maux de tête, fatigue générale, crachements de sang et finalement phtisie, telle est la liste des maladies qui résultent d'une telle manière de vivre et pourquoi? parce que, la respiration étant insuffisante, les poumons ne peuvent pas se dilater comme ils le devraient, le sang n'est pas purifié et ne circule que d'une manière irrégulière, les nerfs enfin perdent leur sensibilité. A cette cause de maladies s'ajoute bien souvent, pour les tailleuses et les modistes, la privation du repos indispensable, lorsque le travail de nuit devient nécessaire; puis le travail à la machine, qui occasionne de nouveaux désordres dans la circulation du sang. Les muscles du pied, constamment tendus et contractés, enflent et resserrent les veines de manière à faire refluer le sang. Un médecin anglais, le Dr Nicholls, rapporte que, sur 138 ouvrières employées dans une fabrique et cousant à la machine, il eut à en soigner 80 en même temps ou au moins dans un court espace de temps. Il énumère les maladies suivantes comme étant le résultat de ce travail: mauvaise digestion; pertes de sang; maladies du sexe; douleurs dans les jambes et dans le tronc, occasionnées par la tension continuelle des muscles de ces régions; faiblesse générale; douleurs nerveuses des pieds et de la main produites en partie par un excès de travail, en partie par l'attouchement du fer de la machine; enfin fatigue des yeux. Il dit en terminant qu'une femme en bonne santé ne peut faire usage d'une machine à coudre plus de trois ou quatre heures par jour sans s'exposer à tomber malade.

Quelle n'est donc pas, pour la catégorie si nombreuse des personnes dont nous venons de parler, la nécessité d'un jour entier consacré au repos! La question hygiénique n'est qu'un des côtés de la grande question du Dimanche, et, à ne considérer que ce côté-là, n'est-il pas évident que le repos du Dimanche est absolument nécessaire à tous ceux qui se livrent à un travail sédentaire? C'est pour eux une question de santé, de vie même. Il faut qu'un jour sur sept ils puissent rendre à leur corps sa position normale, à leurs membres le mouvement et la liberté.

Ces réflexions concernent aussi les ouvriers qui travaillent debout, toujours à la même place: tisserands, serruriers, menuisiers, lessiveuses, repasseuses, etc. Le fait même de se tenir debout exige de certains muscles un effort continuel, et si ces muscles se relâchent, ce qui est le cas dans les évanouissements, le corps entier s'affaisse. En outre le défaut de circulation du sang dans les extrémités inférieures a pour résultat des gonflements de veines et des varices. Dans bien des cas il serait facile d'éviter ces désordres en interrompant par moments le travail et surtout en profitant du Dimanche; les soins préventifs sont toujours plus simples et plus efficaces que les moyens auxquels on est obligé de recourir une fois que la maladie est déclarée: bas élastiques, repos forcé, mois entiers passés au lit.

Qu'il me soit permis, à cette occasion, de recommander en passant les repasseuses à la bienveillance et aux égards des maîtresses de maison; toujours debout, elles ont à souffrir des effets d'une circulation défectueuse du sang dans les membres inférieurs du corps; de plus elles sont exposées, non-seulement à la chaleur des fers à repasser, mais aussi au gaz empoisonné qui s'échappe des charbons, à moins qu'elles ne préfèrent travailler au milieu de courants d'air qui souvent ne sont pas moins dangereux.

Pour en revenir à l'organe central de la circulation du sang, au cœur lui-même, ce n'est pas seulement d'une manière indirecte qu'il souffre d'un travail ininterrompu. Tout effort excessif exige du cœur une dépense de force excessive aussi et par conséquent nuisible, si elle se prolonge. On a remarqué en divers pays combien les maladies de cœur sont fréquentes chez les jeunes soldats des armées permanentes. Les fatigues toujours renouvelées, les marches forcées, le pas de course souvent à la montée, le poids dont sont chargés les bras et le tronc, tous ces efforts exagérés ont pour résultat une lésion organique du cœur, une contraction ou une dilatation anormales qui troublent ses fonctions; ces maux se produisent presque infailliblement chez les individus faibles de constitution ou dont la croissance n'est pas complétement achevée, surtout si le chagrin, les soucis ou quelque sujet d'irritation viennent s'ajouter journellement aux fatigues corporelles. Le cœur n'est bientôt plus en état de répondre à tout ce qu'on exige de lui, et il manifeste son impuissance par des palpitations, de l'oppression, un malaise général, des saignements de nez, des congestions au cou ou à la tête. Si un long repos ne vient pas mettre fin à la fatigue du cœur, on voit se déclarer des maladies incurables dans les poumons, le foie et les reins, car dans l'organisme si merveilleusement fin et délié de notre corps, la ruine d'un seul des organes essentiels entraîne insensiblement mais sûrement la ruine du corps entier. Combien donc est grande la folie de ceux qui, le Dimanche, semblent prendre à tâche d'accélérer encore leur ruine corporelle et spirituelle en se livrant soit au travail, soit à des plaisirs nuisibles.

ORGANES RESPIRATOIRES.

Nous avons déjà mentionné les effets fâcheux d'une respiration insuffisante chez les personnes astreintes à un travail sédentaire. Il est nécessaire de considérer de plus près la manière dont se forment certaines maladies pulmonaires à la suite d'un travail exagéré.

Une multitude de personnes dont les occupations exigent une immobilité plus ou moins complète perdent l'habitude de respirer assez fortement pour faire pénétrer l'air dans toutes les parties du poumon. Cet organe a pour fonction, d'une part de renouveler le sang, en le mettant en contact avec l'oxygène de l'air, d'autre part d'expulser comme un soufflet l'air vicié qui ne doit pas séjourner dans la poitrine. Lorsque le corps est penché en avant ou plus ou moins replié sur lui-même, ce soufflet reste comme comprimé; du moins il ne peut pas se dilater suffisamment pour aspirer la quantité d'air pur dont le sang a besoin, non plus que pour expirer l'air qui s'est chargé d'acide carbonique. Il en résulte que le corps entier s'imprègne peu à peu de substances nuisibles qui finissent par agir comme un poison; le sang sort des poumons sans avoir été suffisamment renouvelé et va reporter aux extrémités du corps les matières qui auraient dû s'échapper par la respiration. Insensiblement cette viciation toujours plus complète du sang produit une sorte de langueur qui se manifeste par la fatigue, l'abattement, le manque d'appétit et de forces, enfin par des dérangements de tous genres. En outre, les parties des poumons qui sont privées d'air restent inactives, le sang n'y circule pas, les matières gâtées s'y accumulent, et c'est là le principe des maladies chroniques qui finissent ordinairement par la phthisie.

Et si l'air même que nous respirons pendant notre travail est vicié, si des gaz empoisonnés, pénétrant du dehors dans le sang, agissent sur les nerfs ou simplement affectent les organes de la respiration, il est évident que la meilleure santé ne saurait y résister. C'est un fait connu que les cas de mort sont particulièrement nombreux parmi les ouvriers appelés à respirer pendant leur travail des vapeurs ou une poussière dangereuses. L'autopsie a mis en évidence l'action mortelle des différentes espèces de *poussières* respirées dans les ateliers, les fabriques, les carrières de pierre, les moulins, et souvent même dans les maisons d'habitation. Entraînées par la respiration, elles entrent plus ou moins profondément dans les poumons, irritent les muqueuses et produisent une inflammation catarrhale. Si elles ne pénètrent pas en trop grande abondance, elles sont rejetées avec la sécrétion même produite par le catarrhe artificiel qu'elles ont provoqué. Aussi suffirait-il, dans la plupart des cas, de s'éloigner momentanément des endroits imprégnés de cette poussière nuisible pour empêcher le développement du mal dans le tissu pulmonaire; et ici de nouveau nous pouvons faire ressortir l'importance d'un jour de repos sur sept, venant offrir régulièrement aux travailleurs l'occasion de sortir de l'atmosphère où ils vivent. Mais si ces matières se sont introduites trop profondément dans l'organisme, et si, jour après jour, elles continuent à y pénétrer sans qu'il soit possible de les en expulser, le catarrhe devient chronique et dégénère en asthme, en emphysème, crachements de sang, fluxion de poitrine ou phthisie pulmonaire.

Parmi les ouvriers particulièrement exposés à ces maladies-là, je citerai ceux qui, réunis en grand nombre dans des salles souvent peu aérées, travaillent la soie, le coton ou la laine, ainsi que les tailleurs de pierre et les lithographes, les menuisiers et les tourneurs, les meuniers, les tailleurs de limes, les ouvriers des fabriques de cigares, etc. etc. La statistique est éloquente à cet égard. Tandis que chez les ecclésiastiques la moyenne de la vie est de 63 ans, chez les juristes de 60 ans, chez les marins de 57 ans, elle est beaucoup moins considérable chez les ouvriers exposés aux différentes espèces de poussières. Les boulangers ne vivent en moyenne que 48 ans, les menuisiers 46, les lithographes 40, les tailleurs de pierre 36 ans. Il est vrai que ces chiffres n'ont qu'une valeur relative, car au milieu d'une population flottante comme l'est celle des ateliers, il est difficile de dresser une statistique exacte de la durée de la vie. Cependant les données que nous possédons suffisent à montrer que les hommes voués à certaines industries ne peuvent pas résister longtemps à l'influence pernicieuse du milieu dans lequel ils vivent.

D'autres circonstances sans doute contribuent à abréger la vie d'un grand nombre d'ouvriers: une nourriture insuffisante, un logement malsain, les soucis de la vie, souvent, hélas! les excès, hâtent le développement des maladies. Mais il existe un contrepoids capable de contrebalancer une grande partie de ces circonstances défavorables; c'est le repos fréquent, régulier que nous offre le Dimanche; c'est la possibilité de respirer un air pur, soit dans les champs et les bois, soit dans les vastes locaux destinés aux réunions publiques, soit même dans un petit logement soigneusement aéré et mis en ordre pour le jour qui est la fête de tous. Le Dimanche doit donner à tous le loisir de faire disparaître la poussière qui, pendant la semaine, s'est répandue sur la peau, ou bien dans les organes de la respiration et de se purifier des substances empoisonnées dont la masse du sang a pu s'imprégner pendant les jours de travail. Nous pouvons, le Dimanche, prendre un véritable bain d'air, et non-seulement nous le pouvons, mais nous nous le devons à nous-mêmes. Le grand air n'est pas seulement, ainsi que nous l'avons démontré, un tonique nécessaire à notre système nerveux; c'est un élément purificateur indispensable à cette population nombreuse de gens qui vivent enfermés dans des chambres basses. Contraints à inspirer sans cesse l'air qu'ils ont déjà expiré, il se nourrissent, pendant leurs heures de travail, d'acide carbonique et d'autres gaz nuisibles, sans parler des inconvénients qui résultent pour eux de l'éclairage artificiel, aussi défavorable à la santé que la lumière du soleil est salutaire. Sachons donc, en observant le Dimanche comme il doit l'être, répondre aux besoins les plus urgents de notre vie corporelle.

3.

Du mouvement des substances chimiques nécessaires à la vie de notre corps.

Nous avons recueilli le témoignage de nos différents organes corporels, relativement au sujet qui nous occupe. Il nous reste, pour terminer notre étude, à considérer, ainsi que l'indique ce dernier titre, le mouvement des substances qui sont sans cesse à l'œuvre dans le laboratoire intérieur de notre corps et dont la juste proportion est une des conditions importantes de la santé.

Si nous considérons la nature qui nous entoure, nous la voyons livrée à un perpétuel travail de destruction et de reconstruction; la vie ne se maintient qu'à cette condition. Le même travail s'accomplit dans notre corps. D'une part, nous nous assimilons, par le moyen de l'alimentation, des matières étrangères. Transformées par les divers sucs digestifs, elles pénètrent dans le sang, principalement sous la forme d'une substance pareille au blanc d'œuf (albumine); le sang les conduit dans toutes les parties du corps, et, suintant à travers les minces parois des vaisseaux sanguins, elles se mêlent aux tissus de notre chair. D'autre part, une quantité de matières usées par le travail ou qui ne sont pas de nature à nourrir le sang doivent être retirées de la circulation et rejetées hors de l'organisme. Or, l'agent principal de ce grand travail est *l'oxygène* que nous absorbons par la respiration. Il soumet à une sorte de combustion les matières que le sang veineux fait affluer aux poumons, et les substances nuisibles, séparées par cette combustion même des substances utiles, s'échappent avec l'air que nous expirons.

On voit par là que l'oxygène est, dans notre corps, l'agent vital par excellence. Non-seulement la vie dépend de lui et de son travail incessant, mais la *force* dont nous disposons serait nulle sans lui. Tout effort corporel accélère la combustion dont nous venons de parler; l'oxygène ramassé par nos poumons se mêle plus activement au carbone reçu par les aliments; cette combinaison accélérée augmente en nous la chaleur vitale et la force, mais aussi la dépense d'oxygène et de carbone est plus grande qu'en temps ordinaire. Or, il faut considérer que le condensateur dont sont pourvues les machines à vapeur fait défaut au corps humain, et que par conséquent nous ne pouvons emmagasiner qu'une quantité assez restreinte d'oxygène. Nous remplaçons le carbone, lorsqu'il commence à nous faire défaut, en prenant des aliments en quantité plus ou moins grande; quant à l'oxygène, il nous est impossible de nous en procurer plus que la respiration ne peut nous en fournir. Tout ce qui concerne le fonctionnement des organes respiratoires s'accomplit en nous d'une manière inconsciente, sans qu'il soit en notre pouvoir de hâter ce travail et d'amasser en un instant, par un acte de volonté, la quantité de combustible qui nous fait défaut. *Le repos seul peut renouveler la provision d'oxygène qui nous est nécessaire.*

Pour nous faire une idée claire des effets du travail et du repos sur l'économie de notre être physique, représentons-nous, dans l'organisme de notre corps, deux chambres à provision contenant l'une du *carbone,* sous forme de graisse, de chair, des matières que nous nous assimilons par l'alimentation, l'autre de *l'oxygène.* Le travail de respiration et d'oxydation, qui s'accomplit en nous sans interruption, nous oblige à puiser constamment dans ces deux chambres des substances que nous mêlons et dont le produit s'échappe de notre corps sous forme d'acide carbonique. Ni l'une ni l'autre de ces deux substances différentes ne peut être dépensée séparément, de sorte que la dépense d'une certaine quantité d'oxygène rend nécessaire une dépense correspondante de graisse et de chair. Si donc, tout en ne travaillant pas, nous ne mangeons pas, l'oxygène nous ne fera pas défaut, mais ce sera notre provision de carbone qui sera bien vite épuisée, et l'oxygène ira chercher la substance même de notre corps, la graisse et la chair, pour les décomposer; le corps s'amaigrira jusqu'à ce qu'il tombe d'inanition. D'autre part si, tout en étant suffisamment nourris, nous nous livrons sans trêve à un travail pénible, c'est l'oxygène qui ne tardera pas à manquer.

On comprendra par ce qui précède comment il se fait que, la nuit, pendant le repos complet que nous procure le sommeil, nous absorbons plus d'oxygène qu'il ne nous en faut pour le moment même; nous en emmagasinons ainsi une certaine quantité, qui trouve son emploi plus tard, lorsque le travail de la journée exige une dépense considérable de chaleur et de force. Pendant le jour, au contraire, nous dépensons une quantité d'acide carbonique bien supérieure à la quantité d'oxygène que nous recevons par la respiration. Il faut donc que cet acide carbonique, qui se dégage de nos poumons et par la surface du corps pendant la journée, soit formé en partie au moyen de l'oxygène absorbé pendant les heures de sommeil.

Des expériences très minutieuses faites, il y a quelques années, par des physiologistes distingués, MM. Pettenkofer et Voit, ont permis de calculer exactement la quantité de matières nouvelles qu'un corps vivant s'assimile, aussi bien que celle qu'il perd, en un temps déterminé, suivant le genre d'alimentation qu'il reçoit, la durée du repos dont il jouit ou la nature du travail qui lui est imposé. Ces expériences ont été faites entre autres sur la personne d'un homme vigoureux, nourri comme le sont généralement les ouvriers et chargé d'accomplir, entre 6 heures du matin et 6 heures du soir, un travail pénible. Il avait à tourner une roue autour de laquelle s'enroulait une chaîne supportant un poids de 25 kilog. En déduisant de sa journée les interruptions occasionnées par les repas et de courts moments de repos, il restait 9 h. d'un travail vraiment pénible. A la fin de sa journée cet homme se mettait au lit, fatigué comme s'il avait fait une très-longue marche. Tout cela se passait dans une chambre hermétiquement fermée, dont l'air était analysé avant et après l'expérience; l'ouvrier était pesé à son entrée et à sa sortie, ses aliments étaient chimiquement analysés, en un mot, toutes les conditions d'une expérience exacte et complète étaient réunies. Eh bien, le résultat de cette expérience a été que, pendant une journée de travail, cet homme a dépensé, sous forme d'acide carbonique, *192 grammes d'oxygène de plus* qu'il n'a pu en aspirer dans le même espace de temps. Pour couvrir ce déficit, il n'avait pas fallu moins que le 20% de la provision d'oxygène contenu dans son corps. Que l'on considère donc ce que doivent être les effets d'un travail semblable, poursuivi jour après jour, sans interruption. Lors-même que le repos de la nuit nous procure une certaine quantité d'oxygène, il ne suffit pas, loin de là, à contrebalancer la dépense énorme qui s'en fait pendant six jours de labeur. Que deviendrions-nous donc si le repos du septième jour ne venait pas saturer notre organisme de l'élément vital que nous dépensons en si grande quantité?

Nous touchons ici à la cause véritable, quoique inaperçue, de bien des maladies. Nous avons parlé plus haut de l'appauvrissement du sang, du relâchement des muscles, de la fatigue extrême du système nerveux. Ces désordres, qui se manifestent par une variété infinie de maladies, proviennent, dans un grand nombre de cas, de ce que l'oxygène dépensé en grande quantité pendant la durée du travail, n'est pas remplacé dans la même proportion; non-seulement il ne purifie plus suffisamment le sang, mais il finit par abandonner presque complétement les fibres de certains muscles ou de certains nerfs qui, naturellement, tombent dans un état complet d'inertie.

Nous en revenons donc toujours et plus que jamais à notre refrain: *Il faut du repos;* rien ne peut le remplacer, pas même la nourriture la plus saine et la plus fortifiante, car la nourriture renouvelle en nous la provision de carbone, mais ne saurait nous donner l'oxygène dont nous avons besoin. Le repos, lui, diminue la dépense d'acide carbonique et par là même épargne le carbone, tout en nous permettant d'amasser une certaine provision d'oxygène. Il est donc vrai de dire que le repos est une nourriture et même le plus indispensable de tous les aliments. S'il en est ainsi, n'est-il pas évident que le travailleur y a droit et qu'il n'est pas plus juste de lui contester ce droit que de lui refuser la lumière du soleil ou l'air indispensable à toute créature vivante ?

Il faut du repos, du sommeil avant tout, car c'est là l'état de repos le plus complet, puis des pauses au milieu du travail, enfin des jours entiers de repos.

Quant à la *fréquence* et à la *durée* des moments de repos qui doivent interrompre le travail, il n'est guère possible de donner des règles fixes, car tout dépend ici du plus ou moins de forces que l'on dépense en travaillant. S'agit-il d'un travail pénible, des pauses de courte durée se reproduiront fréquemment, tous les quarts d'heure, toutes les demi-heures, ou encore toutes les heures, comme c'est le cas dans les écoles. Les moments de repos consacrés aux repas ou au sommeil varient, quant à leur durée, suivant les climats, la température, l'âge et le sexe Il en est de même des jours entiers consacrés au repos ; ils peuvent se multiplier plus ou moins. Ainsi une armée en campagne, ayant à faire des marches forcées, serait bien vite épuisée si ses chefs ne lui donnaient pas, tous les quatre ou cinq jours, un jour de repos. Les hommes d'étude ont besoin de temps en temps du repos prolongé que l'on appelle *vacances.* Appelés à concentrer, pendant plusieurs mois, toutes leurs forces intellectuelles, et à poursuivre sans cesse un but déterminé, ils finissent par ne pouvoir plus suspendre à volonté ce travail intérieur pendant les heures et les jours que l'on consacre généralement au repos. Ils sont privés ainsi, pendant la plus grande partie de l'année, de tout repos complet, et il est naturel que le moment vienne où ils éprouvent un besoin urgent de sortir du cercle habituel de leurs préoccupations et de laisser leur esprit fatigué se détendre. Il leur faut, à certaines époques, un Dimanche prolongé, sinon ils seront bientôt incapables de surmonter l'agitation fiévreuse qui tend à s'emparer d'eux. Au reste, ce ne sont pas seulement les hommes d'étude qui ont besoin de vacances ; ce sont aussi les hommes d'affaires, les maîtresses de maison, tous ceux, en un mot, qui, dans le train de la vie ordinaire, ne parviennent pas à se reposer, même le Dimanche. Il est vrai que, si chacun pouvait réellement profiter du Dimanche, le besoin de vacances ne se ferait pas sentir d'une manière aussi impérieuse, et voilà pourquoi les hommes qui n'ont pas, comme ceux dont nous venons de parler, l'esprit constamment en travail et qui peuvent se reposer à souhait la nuit et le Dimanche, sont disposés à se rire de ce besoin de vacances comme d'une mode et d'un véritable caprice.

Reprenons maintenant, en dehors des vacances prolongées, la question du repos de chaque jour et de chaque semaine.

Pour commencer par la *journée de 24 heures,* nous pouvons fixer comme suit la durée moyenne du repos auquel tout homme a droit: sommeil, 8 heures; repas principaux de la journée, suivis naturellement d'un certain temps de repos, 3 heures; repas moins importants, plus interruptions de courte durée pendant le travail, 2 heures; total 13 heures de repos. Restent donc 11 heures de travail. Je dirai même que, s'il s'agit d'ouvrages *très pénibles*, la durée du travail ne doit pas dépasser 9 heures, à moins que l'ouvrier ne reçoive une nourriture extraordinairement fortifiante. Mais que l'on note bien que je ne fais rentrer dans ces 9 heures de travail aucun moment de repos et qu'il s'agit ici d'efforts énergiques et soutenus; 9 heures d'un travail pareil exigent certainement une plus grande dépense de forces que les 11 heures de travail ordinaire. Si la nourriture, quant à sa quantité et sa qualité, est au-dessous de la moyenne, un homme ne peut se livrer, 9 heures durant, à un travail pénible, sans consumer bien vite sa propre chair et la substance de ses muscles. Et pourtant, il faut le reconnaître, un grand nombre de nos ouvriers sont contraints par les circonstances à dépasser la juste mesure du travail; ils font des journées de 12, 13 ou 14 heures. Obligés de gagner le pain d'une troupe d'enfants affamés, travaillant jour et nuit sans autre nourriture qu'une soupe claire ou du pain et du café au lait, ils maigrissent, perdent leurs forces, tombent malades et finissent par mourir de langueur. Ils donnent littéralement leur chair et leur sang, trop souvent même leur santé et leur vie pour d'autres. Il est juste, j'en conviens, et conforme à la destination de l'homme de se donner et de se sacrifier pour autrui; ceux-là seuls sont réellement heureux, qui savent ne pas vivre uniquement pour eux-mêmes et qui se consacrent au bien de leurs semblables. Mais lorsqu'un patron — et je demande que l'on veuille bien ici ne pas penser seulement aux grands fabricants, mais aussi aux maîtres de métiers de toute espèce, aux entreprises de chemins de fer et de construction, et avant tout au despote le plus exigeant de tous, l'inexorable public — lors, dis-je, qu'un patron, criminellement égoïste et déplorablement aveugle, réclame semaine après semaine, sans interruption, ce sacrifice de la fraîcheur et de la santé, du sang et de la chair de ses subordonnés, l'hygiène a le droit, bien plus le devoir de protester, et la législation doit prendre les victimes sous sa protection.

Les anarchistes exploitent ces circonstances anormales dans le but de soulever les masses, mais ce n'est pas là une raison pour que les hommes d'ordre dévoués au bien de l'humanité ferment les yeux sur les réformes à opérer et les progrès à accomplir.

On a cherché, en Suisse, à répondre aux désirs légitimes d'un grand nombre d'ouvriers, en élaborant des lois qui réduisent le maximum de la durée du travail à 11 heures. Ce n'est pas ici le lieu de répéter ce que l'on a dit pour ou contre cette loi. Je me permets seulement de faire la remarque que, étant donnée la grande diversité qui règne dans le domaine du travail, on ne peut pas appliquer à tous les ouvriers la même mesure. Pour atteindre son but, la loi en question ne devrait pas concerner seulement les ouvriers des fabriques ou des grandes entreprises, mais aussi les couturières, les journaliers, etc. Est-il plus urgent de protéger l'ouvrier des fabriques, que le *garçon d'hôtel* ou la *fille d'auberge,* qui, de 6 heures du matin à 11 heures du soir, si ce n'est plus tard encore, sont obligés de tendre leur attention pour l'accomplissement d'une tâche des plus fatigantes? Et voilà qu'au lieu de les protéger on prolonge encore pour eux la durée du travail en retardant l'heure de la fermeture des cafés. Peuvent-ils au moins se reposer le Dimanche? Au contraire, ils sentent peser sur eux, ce jour-là, plus durement encore que la semaine, le joug de leur servitude. Prend-on garde à leur visage défait, toujours plus pâle et portant l'empreinte de veilles fréquentes, à cette toux sèche, symptôme de la fatigue et de l'excitation nerveuse, à l'épuisement général qui résulte d'un travail sans trêve accompli dans une atmosphère lourde et enfumée ou au milieu des odeurs de la cuisine? C'est dans un tel milieu que commence pour beaucoup de ces malheureux le dépérissement qui doit les enlever. Et les nombreux ouvriers *boulangers,* n'auraient-ils pas besoin, eux aussi, de la protection de la loi? Enfermés dans la poussière d'une chambre généralement petite et située en sous-sol, travaillant de 3 heures du matin ou même de 10 heures du soir au lendemain après-midi, ils ne sont certes pas plus favorisés que les ouvriers des fabriques; la moyenne de leur vie est là pour le prouver. Et pourtant le despote, je veux dire le public, exige pour son déjeuner — le Dimanche plus encore que les autres jours — des petits pains frais; il veut aussi la gazette la plus récente, sans penser à tout ce que de pareilles exigences entraînent après elles de malédiction: malédiction du travail de nuit et du travail du Dimanche, perte de la santé, vie décolorée, ruine physique et peut-être ruine morale d'un grand nombre d'hommes. Mais le public est un grand seigneur, et malheur à qui se permet de ne pas obéir à tous ses caprices!

Les exemples que nous venons de citer suffisent à prouver que toutes les lois que l'on pourra faire sur la durée normale du travail et sur la police des fabriques seront insuffisantes, aussi longtemps qu'elles ne concerneront que la grande industrie. Il y aurait des réformes importantes à opérer dans les petits ateliers, je dirai même dans les ménages et dans la manière dont sont organisés les travaux domestiques. Mais évidemment, c'est ici un domaine où la loi ne peut pas pénétrer.

Si donc la loi ne peut pas tout faire, en ce qui concerne le travail des six jours ouvriers, et si nous ne pouvons arriver que lentement à des réformes utiles dans ce domaine, profitons au moins du *repos hebdomadaire du Dimanche*. Il répond bien mieux aux besoins de l'homme et il est plus efficace pour guérir les plaies de la société qu'aucune loi humaine sur la durée normale du travail.

Nous avons dit que, dans certains cas, il est nécessaire d'observer un jour de repos après quatre ou cinq jours de travail; mais *dans aucun cas* la durée du travail ne doit se prolonger au-delà de six jours. Déjà à la fin de chaque journée nous voyons la nature humaine revendiquer impérieusement son droit au repos. Le repos de la nuit, si complet qu'il soit, ne suffit pas à combler le déficit de nos forces. Et quand le travail, manuel ou intellectuel, se renouvelle pendant une série de jours, la fatigue qui nous oppressait le soir reparaît le matin; au lieu du sentiment de bien-être que nous éprouvons après un repos suffisant, nous ressentons un malaise habituel qui finit par nous faire prendre le travail en dégoût. Ce n'est qu'à la condition de ne plus entendre le terrible: „Il faut“, que le contentement renaît en nous et que nos forces sont renouvelées.

Il sait quels sont les besoins de la nature humaine, Celui qui a institué le Dimanche. Il sait quelle est la malédiction d'un labeur sans trève; Il ne veut pas que l'homme devienne esclave du travail de ses mains, et c'est pourquoi Il l'invite à s'affranchir, un jour sur sept, du joug qui le courbe vers la terre, pour élever son âme vers un monde meilleur. *„Tu travailleras six jours, et tu feras toute ton œuvre; mais le septième jour est le repos de l'Eternel ton Dieu. Tu ne feras aucune œuvre en ce jour-là, ni toi, ni ton fils, ni ta fille, ni ton serviteur, ni ta servante, ni ton bétail, ni l'étranger qui est dans tes portes. Car l'Éternel a fait en six jours le ciel, la terre, la mer et toutes les choses qui y sont, et il s'est reposé au septième jour; c'est pourquoi l'Éternel a béni le jour du repos et l'a sanctifié.“*

SECONDE CONFÉRENCE.

Le Dimanche et la Société.

Messieurs,

Si l'homme n'a pas été fait pour le sabbat, le sabbat a été fait pour l'homme; non-seulement pour l'homme-individu, mais pour l'humanité dans son ensemble, pour la société. Je dirai même que, si tel individu peut se priver du repos hebdomadaire sans paraître trop en souffrir, la société ne peut absolument pas s'en passer, à moins de dégénérer et de périr. Le Dimanche est pour elle plus qu'un luxe agréable, il est une des conditions de son existence.

Il n'est que trop nécessaire, de nos jours, de remettre en lumière cette vérité. Et pourtant, à quelque point de vue que nous nous placions pour envisager la question sociale, soit que nous considérions les besoins matériels, intellectuels, moraux ou religieux de nos contemporains, soit que nous interrogions l'histoire et que nous remontions aux origines de la vie sociale, partout et toujours nous arrivons à cette conclusion: Le Dimanche est nécessaire; il répond à un besoin pressant de la société; le perdre, ce serait nous perdre, comme peuples et comme individus.

1.

Remontons aux *origines* et consultons *l'histoire*. La vie sociale repose tout entière sur le respect du droit d'autrui. J'ai la conscience de posséder certains droits que je ne dois pas me laisser enlever: le droit de vivre, p. ex., le droit de disposer, comme je l'entends, de ce que j'ai acquis par mon travail, le droit de me reposer, puisque le repos est nécessaire à ma santé et à ma vie. D'autre part j'ai le sentiment que mes semblables ont les mêmes droits que moi et que je dois m'abstenir de tout ce qui porterait atteinte à leur vie, nuirait à leur santé ou troublerait leur repos. Ma liberté est donc limitée par celle des autres; il faut, si je veux avoir une place au soleil, que je ne prétende pas occuper seul toute la place disponible, mais que je restreigne mes désirs, mon activité, mes exigences, de manière à ce que les désirs légitimes de mon prochain soient satisfaits dans la mesure du possible. La société n'existerait pas sans une sorte de compromis par lequel les hommes s'engagent à se faire mutuellement certaines concessions. Ainsi, dès les premiers temps de l'existence de l'humanité, il a fallu qu'une entente s'établît entre les hommes, pour que l'un ne se mît pas à labourer là où un autre avait semé; la propriété n'a pas d'autre origine. De même supposons deux voisins dont l'un se livre à un travail bruyant, tandis que l'autre a besoin de repos et de sommeil; le premier fera tort au second. Mais s'il ne veut travailler que lorsque personne ne dormira, c'est lui qui sera en souffrance, et il risquera de ne pouvoir jamais se mettre à l'œuvre. Il faut donc qu'une entente se fasse et que les hommes fixent les heures et les jours qui pourront être généralement consacrés au repos ou au travail.

La nature humaine réclame, nous l'avons vu dans notre première étude, un jour de repos après six jours de travail. De bonne heure les hommes s'en sont rendu compte, ou du moins, sans peut-être connaître les lois naturelles qui déterminent la proportion du repos et du travail, ils ont cru à la loi divine qui met à part un jour sur sept pour lui donner le caractère d'une fête sanctifiée. Ils ont compris aussi que le choix du jour consacré au repos ne pouvait pas être laissé à l'arbitraire des individus et qu'en vertu de la dépendance dans laquelle nous vivons les uns vis-à-vis des autres, le repos n'est complet pour l'un que s'il est observé par tous. C'est ainsi que le sabbat a pris naissance dès le jour où l'humanité a commencé à vivre d'une vie quelque peu sociale. Le repos du septième jour, partout où il a été institué par la législation, apparaît comme le signe de la victoire de la civilisation sur la barbarie. Fruit de la civilisation naissante, il a été en même temps le garant des progrès à venir; il a créé des habitudes d'ordre et de sociabilité, il a aidé aux hommes à diviser le temps, et son influence sur les institutions politiques, les mœurs et les religions des peuples qui l'ont respecté a été considérable.

Deux faits nous frappent, lorsque nous examinons les législations les plus anciennes : le premier, c'est qu'elles s'accordent à mentionner la semaine de sept jours, fait vraiment extraordinaire et qui nous prouve l'antiquité du sabbat; le second, c'est la valeur religieuse que ces législations primitives donnent au repos du septième jour. Ce sont les prêtres qui prescrivent ce repos-là, et ils le prescrivent au nom de la divinité. Législateurs en même temps que médecins, ils enregistrent dans leurs livres sacrés les règles de l'hygiène et invitent le peuple à s'y conformer comme à des commandements divins.

A la vérité, il n'y a rien dans ce dernier fait qui doive nous étonner. En ces temps reculés, où les peuples faisaient leurs premiers pas dans la civilisation, la vie sociale était d'une simplicité telle que les emplois publics, religieux, civils et politiques, se trouvaient réunis entre les mains des mêmes hommes. Rien de plus naturel, et j'ajouterai, rien de plus conforme à la vérité des choses; car la vie humaine est une, malgré la variété de ses manifestations, et ce serait méconnaître complétement les intentions du Créateur que de séparer d'une manière absolue la vie corporelle de la vie spirituelle, comme si cette dernière seule était digne d'être mise en relation avec Dieu. Si l'hygiène n'est plus enseignée de nos jours par ceux auxquels nous donnons le titre de ministres de la religion, elle n'en est pas moins la rédaction scientifique et l'application pratique de lois saintes et divines, de sorte que, bien comprise, elle rentre, ainsi que la médecine, dans le service de Dieu. Il y aurait autant d'étroitesse et d'injustice à exclure de la vie religieuse ce qui concerne le soin du corps, qu'à refuser à la religion une place dans la vie ordinaire. La grande complication de la vie actuelle ne permet plus, de nos jours, au même individu d'enseigner toutes les parties de la loi divine, mais il n'en est pas moins vrai que ces diverses parties, comme les rameaux et les branches d'un même arbre, sont unes à l'origine et dans leur essence.

Cette unité des lois divines est le grand principe qui domine la législation mosaïque tout entière et la loi sabbatique en particulier. *Moïse* lui-même, en sa qualité de „serviteur de l'Éternel," était à la fois chef et père de son peuple, législateur et médecin. Aussi la législation qu'il a promulguée embrasse-t-elle l'ensemble de la vie humaine; elle n'ignore aucun des besoins légitimes de notre nature, et c'est pourquoi, malgré son caractère national et particulariste, elle a une portée universelle. La loi du sabbat, entre autres, a en vue, non-seulement le bien spirituel, mais aussi la santé, le bien-être, la prospérité temporelle du peuple d'Israël.

Au reste, le sabbat n'a pas été inventé par Moïse; il existait avant lui. Seulement, versé comme il l'était dans la connaissance de la nature, de l'homme et de l'histoire, habile à comprendre la pensée du Créateur, Moïse a consacré l'antique coutume que les hommes les plus sages de son peuple avaient déjà reconnue bonne. Avec lui et par son intermédiaire, ce qui existait autrefois comme usage plus ou moins généralement reconnu est apparu au peuple sous son vrai jour, c'est-à-dire comme une loi sainte et comme l'expression de la volonté divine. La loi du sabbat existait, on peut le dire, dès l'origine du monde. Il en est d'elle comme des lois éternelles qui règlent le cours des astres et qui existaient bien avant que Keppler, Newton et Galilée vinssent les constater et les formuler.

Aussi Moïse ne parle-t-il pas du sabbat comme de quelque chose de nouveau. „*Souviens-toi,* dit-il, du jour de repos" (Exode XX, 8). „Dieu se reposa au septième jour de toute l'œuvre qu'il avait faite, et Dieu bénit le septième jour et le sanctifia" (Genèse II, 3). Le retour si fréquent du mot *repos* dans la loi sabbatique, le sens même du mot „sabbat" qui signifie „cessation", la défense de faire travailler les animaux le septième jour, tout cela nous montre que Moïse, en promulguant le quatrième commandement, avait essentiellement en vue le repos, comme moyen, il est vrai, de sanctification. Le sabbat rappelait en outre aux Israélites la délivrance de la servitude d'Égypte, et il devint ainsi pour eux la fête de leur indépendance nationale.

Nous avons déjà mentionné le fait que la législation israélite n'est pas seule à prescrire le repos du sabbat.

En *Chine,* le livre sacré de Y-King parle du septième jour comme d'un jour de fête observé dès les temps les plus anciens. Or, ce livre est de beaucoup antérieur à Confucius, qui vivait lui-même 550 ans avant Jésus-Christ. Le „grand jour" — c'est ainsi qu'il désigne le septième jour — devait être solennisé dans tout le pays par de nombreux sacrifices; les portes des maisons devaient être fermées, et toute transaction commerciale, ainsi que tout jugement devant les tribunaux, était interdit.

En *Grèce,* Hésiode fait mention du septième jour comme d'un jour sacré, et Homère invite à plusieurs reprises le peuple à le célébrer comme une fête. De même les anciens *Hindous,* les *Perses,* les *Chaldéens,* les *Égyptiens,* et même les *Péruviens* avaient un sabbat qui revenait de sept en sept jours. Mais chez tous ces peuples païens, les nombreuses fêtes irrégulières qui amenaient avec elles, outre la cessation du travail, tout un ensemble de sacrifices, de jeux, de banquets, et qui dégénéraient souvent en orgies, firent peu à peu disparaître la célébration régulière du septième jour.

Il en fut autrement du sabbat juif, car il reposait sur une base morale qui manquait aux religions païennes. Abraham déjà avait apporté de Chaldée en Canaan le principe des croyances de ses descendants, la foi monothéiste. Le sabbat, rattaché étroitement à ce principe, fut envisagé par Israël comme un jour saint où l'homme était invité à prendre part au repos de son Créateur. Il en résulte que les réjouissances bruyantes et sensuelles étaient, au même titre que le travail, exclues de cette fête. Avec le repos du corps, le septième jour offrait aux Israélites le recueillement de l'âme, le culte de l'Éternel, les joies douces et fortifiantes de la vie de famille. Une institution pareille ne pouvait exercer que l'influence la plus heureuse sur le peuple qui s'y conformait fidèlement. Et nous voyons en effet la nation juive faire preuve, à l'heure qu'il est, d'une vitalité sans exemple dans l'histoire. Elle a survécu aux Babyloniens, aux Perses, aux Romains, qui l'ont asservie, et malgré les persécutions qu'elle a souffertes de la part des peuples chrétiens, malgré sa dispersion sur toute la surface de la terre, elle est encore là, prête, semble-t-il, à se reconstituer comme peuple au premier signal. Bien des circonstances, sans doute, ont contribué à produire cet étrange phénomène historique, mais en tout premier lieu nous n'hésitons pas à mentionner la ténacité avec laquelle les Juifs se sont tenus attachés à leur sabbat. Ce jour est devenu pour eux le sanctuaire spirituel qui a pris la place de leur temple détruit, l'enceinte consacrée où se célèbre leur culte, où ils prennent conscience d'eux-mêmes comme du peuple de Dieu, où se retrempe leur vie de famille et leur vigueur corporelle.

L'antiquité a légué le sabbat aux nations modernes, et le fait que cette institution a subsisté malgré les transformations qui se sont accomplies dans le domaine politique ou religieux, témoigne en faveur de sa valeur intrinsèque et de son absolue nécessité. Tout au plus le voyons-nous, dans le cours des siècles, subir quelques modifications destinées à l'adapter à des religions nouvelles; toujours il conserve son caractère essentiel de jour de repos et de fête hebdomadaire. Les anciens Chaldéens le célébraient le vendredi, les Israélites le samedi. Les Chrétiens ont choisi le Dimanche, en souvenir de la résurrection de leur Sauveur, tandis que les Mahométans ont repris le vendredi.

On sait que, dans les temps modernes, la plus violente des révolutions a tenté d'anéantir l'institution sabbatique, ou du moins de la transformer. Après avoir rendu un décret contre l'existence de Dieu, la première république française abolit le Dimanche et voulut le remplacer par le *décadi,* le repos du dixième jour. Mais les moyens de terreur auxquels on eut recours pour contraindre le peuple à travailler le Dimanche ne l'empêchèrent pas de célébrer son culte comme autrefois, de sept en sept jours. Reconnaissant enfin que les forces corporelles de l'homme ne sont pas suffisantes pour un travail de neuf jours consécutifs, le gouvernement accorda aux citoyens l'autorisation de se reposer l'après-midi du cinquième jour, s'ils le désiraient. Quant aux employés et fonctionnaires de la république qui ne se mettaient pas au travail le Dimanche, ils devaient être immédiatement renvoyés. Aucun décret cependant ne put prévaloir contre la grande loi de la nature, qui réclame un jour de repos sur sept; les populations agricoles surtout opposèrent une résistance devant laquelle le Directoire dut plier. Enfin Napoléon rétablit la célébration du Dimanche comme jour de repos et de culte.

De nos jours nous voyons des hommes en grand nombre, et même des peuples entiers, vivre sans Dimanche. Mais c'est toujours là une cause en même temps qu'un signe visible de décadence. Les *Chinois* et les *Hindous* ont cessé depuis des siècles d'observer le repos hebdomadaire, mais il est évident que depuis des siècles aussi ces peuples ne se développent plus; au contraire, ils sont l'image vivante de l'énervement corporel aussi bien que spirituel. Capables, par leur nombre formidable, de dominer l'univers, ils nous offrent le spectacle de races sans virilité et sans véritable esprit d'indépendance. Quant aux *Japonais,* ils semblent rentrer dans une voie de progrès, mais aussi, n'est-il pas remarquable de les voir mettre le Dimanche à la base de leur nouvelle civilisation?

Dans la chrétienté, le Dimanche a perdu pour beaucoup d'hommes son caractère de jour sanctifié; mais ici aussi nous pouvons constater l'affaiblissement corporel et la décadence morale qui résultent du mépris du jour du repos. La décomposition sociale que l'on remarque en certains pays et particulièrement en quelques grandes villes marche de pair avec la profanation du Dimanche.

En *France,* le Dimanche a triomphé du décadi, ainsi que nous l'avons vu, et pourtant les coups que lui a portés la révolution ont singulièrement affaibli son influence. Dans les villes surtout, on travaille, on bâtit, les métiers cheminent, l'industrie et le commerce suivent leur cours. Mais d'autre part on voit diminuer le nombre des naissances, augmenter les décès, l'accroissement normal de la population a cessé, — autant de symptômes alarmants, si nous devons y voir la mesure des forces vives de la nation. On pourrait constater encore dans d'autres domaines les effets désastreux de la profanation du jour du repos: la vie de famille est en souffrance, la soif des jouissances domine trop souvent toute autre préoccupation, l'équilibre politique est souvent ébranlé. Faut-il s'étonner de voir un peuple, si bien doué qu'il soit d'ailleurs, balloté par les agitations politiques et livré périodiquement aux entraînements des passions, lorsque le repos régulier et le recueillement que lui offrirait le Dimanche lui font défaut?

L'Angleterre nous montre comment l'observation fidèle du jour du repos augmente dans l'ensemble de la nation la vigueur corporelle et la vitalité, l'énergie, le goût du travail, l'esprit d'indépendance. La vie de famille se conserve mieux dans ce pays que sur le continent, et le Dimanche n'est certes pas étranger au développement du caractère national si pratique et si fortement trempé, qui distingue le peuple anglais. „La prospérité de notre pays," a dit John Bright, dans un discours prononcé à la Chambre des communes, „et les progrès accomplis par la nation sont dus en grande partie à la manière dont le jour du repos est observé dans notre patrie."

Une remarque encore concernant les *États-Unis,* où, comme on le sait, le Dimanche est un véritable jour de repos. La population de ce pays est un mélange de peuples divers, sans histoire commune, et qui tous apportent avec eux, de la mère patrie, des habitudes religieuses et des mœurs politiques particulières. Comment se fait-il qu'avec des éléments si disparates on voie se former si facilement un caractère national, des mœurs et des coutumes, une vie politique et sociale, en un mot un type de peuple qui a sa vie à lui et n'est pas seulement un amalgame de toutes les autres nations? Faut-il attribuer ce fait uniquement à la grande mesure d'indépendance dont jouissent les habitants du nouveau monde, ou bien n'est-il pas juste aussi de reconnaître que le Dimanche américain influe puissamment sur les habitudes, sur les mœurs, sur le tempérament même de ce peuple?

Terminons ce rapide coup d'œil historique par une question. Une institution comme celle du Dimanche, dont les origines se confondent avec celles de la civilisation elle-même et qui, dès les temps les plus reculés, accompagne l'humanité à travers les âges, une institution qui, partout où elle est religieusement conservée, apparaît comme un gage de prospérité, de vitalité, de développement intellectuel et moral, tandis que les peuples qui la négligent s'affaisent insensiblement, cette institution peut-elle être envisagée de nos jours comme surannée? Est-ce un héritage du passé dont il soit convenable de nous défaire, ou n'est-ce pas plutôt en notre époque agitée et fatiguée qu'elle est appelée à rendre à l'humanité les plus grands services?

Nous allons au reste discuter cette question au point de vue des *intérêts matériels, intellectuels et moraux de la société.*

2.

Et d'abord, en ce qui concerne le **bien-être matériel** de la société, nous rappelons ce que nous avons dit de la nécessité du repos hebdomadaire pour la santé et pour la conservation de nos forces. Le Dimanche, s'il est bien observé, *prolonge la moyenne de la vie.*

Le docteur américain Mussey est arrivé à la certitude que le repos d'un jour sur sept augmente de sept années la durée d'une vie de cinquante ans. La science, en effet, ajoute à nos propres expériences l'évidence de ses démonstrations pour nous prouver que nous ne pouvons pas travailler sans dépenser des forces qui ne se renouvellent pas immédiatement. Ce déficit augmentant de jour en jour, il ne faut pas moins de 24 heures de repos, à la fin de la semaine, pour le combler.

Nous pouvons nous représenter les variations qui se produisent dans l'ensemble de nos forces vitales sous la forme d'une ligne qui, au lieu de rester toujours au même niveau, s'élève ou s'abaisse suivant les alternatives de travail et de repos dont se compose notre vie.

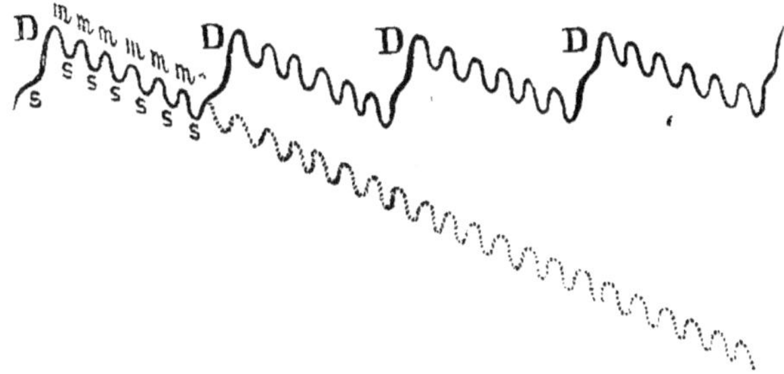

D = Dimanche ; **m** = matin ; **s** = soir. — La ligne inférieure, indiquée par des points, représente la diminution graduelle des forces qui se produit dans une vie où le travail n'est interrompu que par le repos de la nuit.

La nourriture, le repos, un bon air relèvent le niveau de nos forces, tandis qu'un travail sérieux le fait nécessairement descendre. Sans doute le sommeil de la nuit répare une partie des pertes que nous avons faites pendant la journée, mais il ne suffit pas complétement à combler le déficit qui s'est produit pendant les heures de travail. Il en résulte que notre ligne ne se trouve pas, le matin, exactement à la même hauteur que 24 heures auparavant. Le niveau de nos forces baisse ainsi de jour en jour, et cette baisse est d'autant plus prononcée que le travail est plus pénible, le repos de la nuit moins long, la nourriture moins substantielle, l'air que nous respirons de jour et de nuit moins pur, etc. etc. Heureusement que les 24 heures de repos du Dimanche ramènent toutes choses à leur état normal et nous font regagner les forces que nous avions perdues pendant les six jours de travail. Mais il est évident que si nous détournons le Dimanche de sa vraie destination en le consacrant, soit au travail, soit aux excès du plaisir, les pertes des jours précédents ne peuvent pas être réparées; nous descendons ainsi directement jusqu'au point qui correspond à l'épuisement complet, c'est-à-dire à la mort.

Si donc nous voulions prolonger la figure que nous avons dessinée, de manière à ce qu'elle représentât une vie entière, nous aurions, dans le cas d'un travail sans Dimanche, une ligne descendant rapidement jusqu'au point où l'on ne peut plus descendre; dans le cas contraire, notre ligne se maintiendrait pendant des années à peu près à la même hauteur; peu à peu, cependant, et insensiblement elle s'abaisserait à mesure que les organes vitaux s'affaibliraient, mais elle n'atteindrait que tard le point correspondant à la mort.

Le physiologiste Flourens évalue à cent ans la durée normale de la vie d'un homme qui accorderait à ses divers organes la juste mesure de travail et de repos. Sans aller si loin dans nos affirmations, nous n'hésitons pas à dire que nous verrions parmi nous beaucoup plus de vieillards, et de vieillards vigoureux, si les lois de notre nature n'étaient pas généralement violées et si nos populations profitaient mieux de l'occasion qui leur est offerte de goûter un repos véritable. Il est naturel qu'une vie soit d'autant plus courte que son cours est rapide et agité. Les plantes qui poussent le plus rapidement sont aussi celles qui vivent le moins longtemps, tandis que les arbres qui croissent lentement ont un bois résistant et vivent des siècles. De même l'homme qui, par son activité fiévreuse, semble vouloir prendre le ciel d'assaut se consume en peu de temps, comme un feu de paille. Ici aussi le proverbe italien trouve son application: *Chi va piano va sano*, règle précieuse, surtout pour les personnes d'un tempérament délicat, ainsi que pour celles qui sont chargées d'un travail difficile ou nuisible à la santé.

Mais, objectera-t-on, le fait est qu'un grand nombre de gens n'ont pas le temps de se reposer un jour sur sept. Il faut, pour gagner leur vie, qu'ils travaillent sans cesse ou du moins qu'ils achèvent le Dimanche leur ouvrage de la semaine. On dira de même, au point de vue de l'économie politique, que le chômage du Dimanche diminue d'un septième la production nationale et que la grande concurrence qui règne maintenant dans tous les domaines ne permet plus d'envisager cette perte avec indifférence. Ainsi le Dimanche serait contraire aux intérêts des ouvriers aussi bien qu'à ceux de la nation.

Envisageons donc notre sujet au point de vue de *l'intérêt* proprement dit.

Une observation pour commencer: Chacun sait que les ouvriers qui consacrent le Dimanche au travail ou à des plaisirs énervants sont généralement incapables de se remettre à l'ouvrage le lundi. S'ils ne font pas ce qu'on appelle le *lundi bleu*, ils sont retenus loin du travail par la maladie ou la fatigue.

Mais ne pourrait-on pas, dans les usines qui emploient un grand nombre d'ouvriers, adopter un système d'après lequel certains ouvriers se reposeraient le lundi, d'autres le mardi, d'autres le mercredi, et ainsi de suite? De cette manière le travail ne serait jamais interrompu, et la perte de temps serait bien diminuée. — On a essayé de ce système en France, dans quelques fabriques, mais ces essais n'ont pas réussi, d'une part parce que les différentes branches du travail dépendent les unes des autres, d'autre part parce que le jour de repos qui n'est plus un jour sanctifié expose l'ouvrier à tous les dangers du lundi bleu. Nous sommes d'ailleurs tellement solidaires et dépendants les uns des autres que nous ne pouvons pas nous reposer d'une manière complète si le repos n'est pas général autour de nous. C'est pourquoi, dès le moment où il est démontré qu'un jour de repos après six jours de travail est nécessaire à l'homme, il faut admettre aussi que ce jour de repos doit être le même pour tous.

Quant à la proportion de 1 sur 7 sur laquelle repose l'institution du repos hebdomadaire, l'échec du décadi, dont nous avons parlé plus haut, est là pour nous montrer qu'elle ne peut pas être changée. Nous laissons ici la parole à un homme peu suspect de parti pris en faveur des institutions religieuses et qui, dans ses projets de réforme, s'est placé exclusivement au point de vue des intérêts sociaux. „Diminuez," dit Proudhon, „la semaine d'un jour, le travail est insuffisant, comparé au repos; augmentez-la de la même quantité, il devient excessif. Établissez tous les trois jours une demi-journée de relâche, vous multipliez par ce fractionnement la perte du temps, et, en scindant l'unité naturelle des jours, vous brisez l'équilibre numérique des choses. Accordez, au contraire, quarante-huit heures de repos après douze jours consécutifs de peine, vous tuez l'homme par l'inertie, après l'avoir épuisé par la fatigue" (Proudhon, célébration du Dimanche).

Répondant maintenant aux calculs de ceux qui trouvent énorme le dommage causé à la production industrielle par le repos du Dimanche, nous ferons observer avec Montalembert que *l'industrie est faite pour l'homme, et non pas l'homme pour l'industrie,* et nous ajouterons que, même au point de vue de l'intérêt bien entendu, la sagesse la plus élémentaire conseille à l'homme de se conformer aux lois de sa nature. Il est facile de se livrer à de beaux calculs théoriques, mais la nature humaine est là, réclamant sa mesure légitime de repos. Bien plus, à l'inverse des calculs en question, l'expérience démontre que le travail du Dimanche, loin d'augmenter la production, la diminue à la longue, tandis que le repos du Dimanche l'augmente par cela même qu'il renouvelle les forces des travailleurs. Il est vrai que bien des hommes à courte vue font plus de cas des petits gains du moment que des gains moins apparents, mais plus sûrs, réservés pour l'avenir à ceux qui savent agir sagement. Qu'est-ce qu'un petit profit momentané à côté de l'accroissement insensible, mais constant, de l'aisance des individus et de la prospérité nationale? Le maintien de la santé, la prolongation de la vie et la conservation des forces nécessaires au travail sont des capitaux qui contrebalancent cent fois tous les gains du Dimanche.

William Taylor raconte que pendant les années 1849 et 1850 plus de 50,000 personnes traversèrent le continent américain pour se rendre en Californie. Obligés de se prémunir contre les attaques possibles, les émigrants voyageaient par groupes de 500 à 1000 hommes. Certaines troupes cheminaient tous les jours sans interruption, tandis que d'autres se reposaient le Dimanche. Eh bien! on a constaté que régulièrement ces derniers arrivaient au terme de leur voyage non-seulement en meilleur état que leurs compagnons, mais encore plusieurs semaines *avant* eux. On pourrait aussi prouver par de nombreux exemples, comment, en ce qui concerne la richesse nationale ou individuelle, une bénédiction repose sur l'observation du Dimanche et une malédiction sur le travail du Dimanche. Bien des industriels, après avoir cessé d'occuper leurs ouvriers le Dimanche, ont remarqué qu'il se faisait plus d'ouvrage dans leurs usines en six jours qu'auparavant en sept. En outre ils enregistraient beaucoup moins de maladies et d'accidents que lorsque le travail se poursuivait sans interruption, ce qui se

comprend facilement, puisque les accidents, loin d'être l'effet
du hasard, ont généralement pour cause la négligence d'ouvriers
surmenés et abrutis par l'excès de la fatigue. Des commerçants
et des marchands rendent un témoignage analogue: dès le
moment où ils ont fermé leur magasin ou leur bureau, s'af-
franchissant eux et leurs employés du travail du Dimanche,
ils ne se sont pas seulement sentis mieux portants et plus
heureux à tous égards, mais ils ont vu leurs affaires prospérer,
tandis que des voisins qui vaquaient à leurs affaires le Dimanche comme les autres jours ont fini par se ruiner.

Il en est à cet égard des peuples comme des individus. Les
pays où le Dimanche est observé de la manière la plus stricte,
les États-Unis et l'Angleterre, sont à la tête du monde civilisé,
en ce qui concerne le développement industriel et commercial.
L'historien anglais Macaulay dit expressément: „Si depuis 300
ans le Dimanche n'avait pas été observé dans ce pays, si la
pioche et la bêche, le marteau et le fuseau avaient été à l'œuvre
ce jour-là, notre peuple serait beaucoup plus pauvre et beaucoup moins civilisé qu'il ne l'est." Quant aux Américains du
Nord, qui ont la réputation d'être des gens pratiques et de
comprendre leur intérêt, on sait comment ils observent le repos
du Dimanche. Lorsque l'on apprit que l'exposition universelle
de Philadelphie resterait fermée le Dimanche, les correspon-
dants des journaux européens n'eurent pas assez d'expressions
de blâme pour cette mesure qui contrastait si fort avec nos
habitudes, et ils n'hésitèrent pas à prédire une déconfiture
financière. Ils se trompaient. Philadelphie a vu affluer beaucoup plus de visiteurs que Vienne n'en avait eu en 1874.
L'exposition de Vienne, qui était ouverte le Dimanche et faisait
ce jour-là ses meilleures recettes, a fini par une ruine financière, tandis que les résultats pécuniaires de l'exposition améri-
caine ont été très beaux.

Du domaine des intérêts matériels passons à celui de la
vie intellectuelle et morale.

La société ne vit pas seulement de ce que l'on voit, de ce
que l'on touche, de l'argent qui circule de main en main. Si
le ressort de la vie spirituelle se relâche et se brise, la vie
matérielle, un moment surexcitée, finira, elle aussi, par s'é-
teindre. L'histoire nous l'apprend, d'ailleurs, en nous faisant
assister au déclin, puis à la ruine complète de puissants empires.
Là où l'esprit meurt, la mort ne tarde pas à tout envahir.

Or l'esprit, plus peut-être même que le corps, a besoin du
jour du repos. Cette assertion peut sembler étrange, car, en
un sens, l'esprit ne se repose jamais. Aussi est-il plus exact

de dire que l'esprit ne peut se développer sainement, conquérir son indépendance, déployer ses ressources, se rendre compte de lui-même qu'à la condition de n'être pas absorbé tout entier par l'effet du travail et les intérêts matériels.

On sait d'ailleurs — et nous avons eu déjà plus d'une fois l'occasion de mentionner ce fait — combien sont intimes les relations de notre âme avec notre organisme corporel. La fatigue du corps réagit sur l'intelligence et sur la force de volonté. Il est difficile, avec un corps fatigué, d'être dispos d'esprit, courageux et entreprenant, et souvent, à la fin d'une journée, après une longue course ou un travail pénible, telle occupation, en réalité pleine de charme, revêt à nos yeux des couleurs sombres et nous laisse indifférents, pour ne pas dire mécontents; le besoin de repos domine alors toute autre aspiration, l'esprit, de même que le corps, a perdu son élasticité, et la pensée est incapable d'un effort quelque peu durable. Généralisons cette expérience individuelle, et représentons-nous ce que devient une société courbée tout entière sous la loi d'un travail excessif. Affaiblissement des intelligences et des consciences, ruine de la famille, désordres sociaux de tous genres: voilà ce que nous pouvons attendre d'elle.

L'intelligence ne ressent pas seulement le contre-coup de la fatigue générale du corps. Lorsqu'elle se fixe trop longtemps sur le même objet, les fibres si remarquablement fines du système nerveux et du cerveau en particulier finissent par refuser leur service et deviennent insensibles. De là les affections nerveuses qui se multiplient tellement de nos jours, que nous finissons presque par n'y plus prendre garde. L'activité calme et mesurée de nos ancêtres a fait place à un travail agité qui amène, par réaction, une torpeur maladive. Que de gens excités et surexcités ne peuvent plus s'arracher à leurs préoccupations; leur esprit inquiet a malheureusement horreur du repos qui seul pourrait les guérir; toujours entraînés à la poursuite de quelque projet, ils en perdent le sommeil et finissent trop souvent par être atteints d'une véritable maladie d'esprit. Il serait facile de dresser une liste d'hommes distingués dont on peut dire que le travail du Dimanche les a perdus. L'agitation nerveuse, dégénérant en folie, les a conduits soit au suicide, soit dans une maison d'aliénés.

Sans même faire entrer en ligne de compte les maladies d'esprit, si nombreuses de nos jours, il est impossible de n'être pas frappé de l'affaiblissement corporel ou intellectuel que l'on remarque dans l'ensemble de nos populations et dont la cause principale est précisément le mauvais état des nerfs. Les villes surtout sont en souffrance à cet égard. Malheureusement la tristesse, l'irritabilité, l'humeur capricieuse que l'on remarque chez les personnes nerveuses se transmet aux générations nouvelles et l'abâtardissement de la race ne peut que s'accentuer toujours plus si nous continuons à vivre dans une perpétuelle agitation d'esprit.

La force morale, l'énergie de la volonté, le *caractère* en un mot, ne résiste que rarement aux excès de fatigue. Je pense surtout ici aux hommes sur lesquels pèse une grande responsabilité et qui se sentent insuffisants pour leur tâche. Plus le sentiment du devoir est développé en eux, plus aussi ils souffrent de se voir hors d'état de répondre à toutes les exigences. Cette souffrance morale, plus encore que le travail lui-même, use celui qui l'éprouve; elle l'empêche de se recueillir et de concentrer ses forces pour l'œuvre du moment présent, elle le jette dans toute espèce d'hésitations, et surtout, comme toute angoisse en général, elle épuise l'homme avant qu'il ait agi et provoque divers genres de troubles intellectuels.

L'affaissement moral de la société est encore favorisé par la monotonie du travail. A mesure que l'industrie perfectionne ses produits, que le commerce les répand partout à profusion, que la science invente de nouveaux procédés, l'ouvrier, pour fabriquer plus vite, est obligé de concentrer ses efforts sur un point déterminé. De même qu'il devient toujours plus difficile à un homme d'embrasser tout le champ de la science, le temps n'est plus, pour l'industrie, où le même ouvrier produisait une œuvre complète, où l'horloger, par exemple, faisait la montre entière, avec toutes ses parties. Il faut un ouvrier pour la boîte, un second pour tel rouage, un troisième pour le cadran, un quatrième pour les aiguilles, etc. etc. Chacun d'eux est chargé d'une tâche limitée, minime, toujours la même; du matin au soir vous les voyez assis dans la même position, répétant à satiété les mêmes mouvements, l'esprit tendu dans la même direction. Pour que la fabrication d'une aiguille à coudre exige le travail de quarante ouvriers différents, il faut bien que le travail de chacun d'eux soit monotone et insignifiant.

Or, l'esprit s'émousse en face d'un travail qui ne lui donne pas l'occasion de se développer; il perd l'habitude de penser, ou du moins de penser à de bonnes choses; un vague mécontentement envahit le cœur et le moindre froissement suffit pour provoquer une explosion. Les conditions du travail étant à peu près les mêmes partout, il en résulte que, dans tous les pays, cette disposition d'esprit se manifeste chez les ouvriers des fabriques, et si une réaction ne se produit pas contre les influences hébétantes d'un travail tout machinal, nous verrons toujours plus s'amasser sur notre société des nuages de haine et de colère d'où jaillira tôt ou tard la tempête.

„Si l'on veut," dit Zirvas, „se rendre compte de la haute importance du Dimanche pour la vie intellectuelle et spirituelle de l'homme, il ne faut pas prendre en considération le petit nombre de ceux qui peuvent faire alterner comme ils le veulent le travail et le repos; encore moins faut-il consulter les hommes qui ne travaillent pas . . ., il faut regarder à ceux qui, jour après jour, ont à supporter le poids d'un travail pénible; il faut considérer en outre de quelle nature est ce travail et comment, sous le régime de la grande industrie, il tend à rabaisser l'homme vers la matière et à comprimer l'essor de la vie de l'esprit. Si l'on tient compte des conditions actuelles du travail, on comprendra ce qu'est le Dimanche pour le travailleur; tous ceux qui ont à cœur le bien des ouvriers, les gouvernements avant tout, useront de toute leur influence pour conserver ou pour rendre au peuple ce jour qui seul peut l'arrêter sur la pente d'un matérialisme vraiment mortel à tous égards."

Le Dimanche, en effet, est le boulevard de la *moralité* publique. Il sauvegarde l'ordre, il protège la famille, il favorise le développement de ce qu'il y a en nous de véritablement noble et divin.

Je parle de *l'ordre*, en donnant à ce mot son sens le plus complet et en y faisant rentrer par conséquent la simple *propreté* matérielle. L'amour de la propreté, que nous cherchons à inspirer de bonne heure à nos enfants, développe en eux le sentiment de l'ordre; à mesure qu'il gagne en étendue et en profondeur, il leur fait prendre en horreur les souillures de l'âme aussi bien que celles du corps. C'est ainsi que l'homme s'élève de degré en degré à la notion la plus haute de l'ordre, qui est celle de la pureté morale et de la sainteté. Lorsque le sens de la sainteté s'est éveillé dans une âme, la vie tout entière ne tarde pas à être soumise à la loi du bien.

Ce que nous disons ici des individus, concerne aussi les sociétés. Le célèbre chimiste Liebig affirmait très sérieusement que l'on peut juger du degré de culture auquel est parvenu un peuple d'après la quantité de savon qu'il consomme. Un peuple qui n'apprécie pas la propreté est incapable de rivaliser avec les nations vraiment avancées dans la civilisation, et un homme qui n'a pas horreur de la saleté ne saurait se faire de la vie une idée noble et morale. Ce qui révolte le sens de l'ordre porte à nos yeux le cachet de la dégradation.

Le travail de la semaine expose une multitude d'ouvriers à la poussière, à la fumée, à des exhalaisons de divers genres qui affectent les nerfs, arrêtent la transpiration en obstruant les pores de la peau, pénètrent dans les voies respiratoires et prédisposent le corps à toute espèce de maladies. Le linge de corps, lorsqu'il n'est pas souvent renouvelé, finit par se charger d'une couche de malpropreté qui forme sur la peau comme une véritable cuirasse aussi funeste et aussi mortelle que l'était, d'après la mythologie grecque, la robe de Nessus. Au surplus, il est presque impossible qu'un homme voué journellement à un travail salissant ne perde pas peu à peu l'habitude et le sens de la propreté ; il finit par l'envisager comme un luxe hors de sa portée et que certaines classes peuvent seules s'accorder. Cet homme-là, s'il n'a pas son Dimanche, ira nécessairement grossir le nombre des ennemis de tout ce qui représente l'ordre.

S'il n'a pas son Dimanche, disons-nous, car le Dimanche ramène régulièrement, avec le repos, la lumière et la propreté. C'est le jour où les traces du travail de la semaine peuvent disparaître entièrement, où la poussière de l'atelier est remplacée par la lumière du soleil ; et lorsque l'ouvrier a déposé sa blouse pour revêtir des vêtements propres, il éprouve une sensation de bien-être qui le prédispose à la joie. C'est comme s'il avait revêtu un nouvel homme, et il est devenu meilleur, en réalité, parce qu'il a retrouvé le sentiment de sa dignité et qu'il évite, plus que les jours précédents, les souillures extérieures et intérieures. Que sa demeure prenne ce jour-là un aspect plus gai, que sa femme ait à cœur l'honneur de la maison, que ses enfants l'entourent, rayonnants, dans leurs habits de fête, tout contribuera à le relever de ses fatigues et à lui faire envisager la vie sous un jour favorable. C'est déjà là un acheminement vers la santé morale et comme un avant-goût des joies pures de la vie spirituelle.

Le Dimanche est moralisant parce qu'il est *le jour de la famille*. Pendant la semaine le père n'a ni le temps ni la tranquillité d'esprit nécessaires pour s'occuper sérieusement de ses enfants. Mais le Dimanche semble fait exprès pour lui donner l'occasion de les voir de près, d'entrer dans leurs idées, de prendre part à leur vie. Quant à l'enfant, il ne saurait pas, sans le Dimanche, ce que c'est que d'avoir un père, de le posséder tout entier, de l'associer à ses jeux, de se sentir aimé de lui. C'est pourquoi, dès le berceau, ce jour est pour l'enfant un jour de bénédiction. Et l'écolier ! avec quelle joie ne voit-il pas revenir son Dimanche ? Et quel n'est pas pour lui le prix de ces heures de liberté, lorsqu'il peut les passer avec ses parents, les interrogeant, leur communiquant ses projets, jouissant de leur affection! Mais aussi quel n'est pas le danger de cette même liberté pour les enfants livrés à eux-mêmes et négligés par leurs parents. Bien des pères, qui s'imaginent du reste remplir leurs devoirs envers leur famille, ne se doutent pas de tout ce qu'ils ravissent à leurs enfants en fait de joies pures, de nourriture de l'intelligence et du cœur, de vie supérieure en un mot, lorsqu'ils passent leur Dimanche loin du cercle de ces petits, consacrant ces moments si précieux à leur travail, à leur correspondance, à leur comptabilité ou même à leurs plaisirs égoïstes. Avec l'adolescence vient pour l'enfant le moment où il commence à travailler, à étudier, à vivre d'une vie personnelle; c'est aussi le moment où le besoin d'émancipation se développe en lui et où le danger des mauvaises compagnies est le plus à redouter. Comment y échappera-t-il s'il n'est pas habitué, dès son enfance, à envisager le Dimanche comme le jour de la famille? C'est alors que le père trouve tout naturellement l'occasion de s'entretenir avec lui, de rectifier les idées parfois un peu extravagantes qui le préoccupent, de le soustraire à telle influence mauvaise, tout en l'encourageant dans ses aspirations légitimes. En voyant son père profiter de son jour de repos pour goûter les joies paisibles et pures de la vie de famille, le fils n'ira pas chercher loin des siens les plaisirs étourdissants dans lesquels se complaisent les jeunes gens dévoyés et faussement émancipés. Il prendra même en dégoût la vie tapageuse de ceux qui confondent la joie avec l'étourdissement et l'orgie, le chant avec les cris, la liberté avec la licence, l'amour avec le libertinage. Rien n'est plus conforme à l'esprit de l'institution dominicale que les joies simples, quoique variées, de la vie de famille. Loin de laisser après elles le vide, la fatigue et l'amertume, leur souvenir nous suit au milieu de notre travail, relevant notre courage et renouvelant en nous une gaieté de bon aloi.

La vie de famille est d'ailleurs le meilleur correctif à la vie d'association, qui a pris, de nos jours, un si grand développement. A bien des égards, sans doute, les associations sont utiles, mais elles ont ceci de fâcheux, lorsqu'elles sont poussées trop loin, qu'elles annulent, pour ainsi dire, l'individu, en comprimant sa volonté et son développement personnel. La tendance à tout niveler et à ne considérer les individus que comme des unités destinées à renforcer le grand tout et à faire prévaloir des idées, des projets conçus par quelques têtes dirigeantes, cette tendance est la grande ennemie de la liberté et par là même de la vie. La famille, au contraire, est la paisible oasis où se développent sainement les individualités. Ce n'est pas à dire qu'elle soit l'ennemie de la société; loin de là. En formant des hommes indépendants en même temps que respectueux du droit d'autrui, des fils dévoués, des frères unis par le lien d'une véritable affection, elle forme par là même des hommes capables de comprendre leurs devoirs envers la société civile ou religieuse. Il est impossible que les liens de la famille se relâchent sans que l'on voie se relâcher en même temps les liens de respect et de dévouement qui doivent unir entre eux les enfants d'une même patrie. On comprend donc que si le Dimanche est nécessaire à la vie de famille, il l'est par là même à la société tout entière.

Nous avons indiqué quelques-unes des assises sur lesquelles repose l'édifice social: la famille, la conscience, l'esprit d'initiative, d'intelligence et de liberté, et nous avons montré comment la profanation du Dimanche les attaque, les ronge, préparant ainsi une ruine universelle.

Il nous reste encore à parler des besoins les plus profonds de l'âme humaine et de la puissance sans laquelle ni la famille, ni la conscience, ni l'intelligence humaine ne sauraient longtemps se maintenir debout; nous voulons dire: *le sentiment religieux*.

À mesure que l'intelligence voit grandir son horizon, que la conscience cherche le bien, que le cœur s'ouvre aux affections vraies, l'homme comprend qu'il est plus grand que le monde au sein duquel il vit et que le but de son existence ne saurait se trouver ici-bas. Les jouissances de la vie matérielle ne lui suffisent plus; il n'aime plus à rapporter toutes choses à sa personne ou à se livrer lui-même à des objets indignes de lui. L'estime même des hommes ne peut le contenter. Il sent que la vie ordinaire, toute consacrée au gain, aux honneurs, au plaisir, ou plutôt encore au travail et à la peine, ne peut que le laisser vide et désolé. La soif de l'infini ne peut être satisfaite en lui que lorsque son âme se plonge dans la source de toute lumière et de tout amour, en s'unissant à Celui qui a réconcilié le ciel avec la terre, l'homme avec son Dieu.

Eh bien, c'est dans ces régions sereines de la piété et de la vie en Dieu que l'homme trouve la force de se vaincre lui-même et de triompher des difficultés de l'existence actuelle. Lorsque les aspirations les plus élevées de sa nature sont satisfaites, et qu'il s'est déchargé de ses peines devant Dieu, le contentement rentre dans son cœur, le travail ne lui apparaît plus comme un insupportable fardeau, son intérêt personnel n'est plus la règle de sa vie. Il a retrouvé à la fois

le sentiment de sa petitesse et celui de sa grandeur, il a foi
en l'avenir, et par cela même, il apprécie le présent à sa juste
valeur, sans le mépriser, mais aussi sans s'exagérer son importance. Il comprend ce qu'il doit à ses supérieurs et à ceux
qui sont placés sous sa dépendance, car, devant Dieu, toutes
les âmes sont sœurs de la sienne. En un mot, toutes choses
prennent à ses yeux leur véritable proportion, parce qu'il est
lui-même dans la vérité aussi bien que dans la justice et la
charité.

C'est ainsi que la piété, sincère, bien entendu, est la vraie
sauvegarde de la société.

Mais plus encore que toute autre chose elle a besoin du
Dimanche, car elle ne peut se développer que dans le recueillement. Il lui faut les heures silencieuses du jour du repos.
Sans doute le croyant élève souvent ses pensées vers Dieu,
mais ce que nous avons dit du corps est vrai aussi pour l'âme :
il lui faut plus que quelques moments de répit pendant les
heures de travail ; il lui faut un jour entier de repos et de
liberté, pour qu'elle puisse s'orienter, se reconnaître elle-même,
voir d'où elle vient et où elle va. Fatiguée du train de la vie
ordinaire, elle a besoin d'un asile tranquille, où elle puisse se
reposer, se rafraîchir, se purifier, retrouver sa noblesse native
et renouveler son courage.

Supprimer le Dimanche, c'est donc ébranler la base même
sur laquelle repose la société.

Il est temps de nous résumer.

Le Dimanche, avons-nous vu, est le gage de la *prospérité
nationale ;* loin de nuire au travail, il le favorise en renouvelant nos forces.

Le Dimanche est le jour où *l'intelligence* secoue ses ailes,
repliées pour ainsi dire pendant les heures d'un travail souvent
monotone et retenues par le poids des préoccupations matérielles.
Libre, un jour sur sept, elle reprend son essor, elle grandit,
elle s'élève au-dessus des petits intérêts, pour envisager la vie
d'un point de vue plus élevé.

Le Dimanche, jour de l'ordre, de la propreté, de la lumière,
est le jour où la *conscience morale* se réveille et se tourne
vers le bien.

Le Dimanche est le jour où, dans le cercle de la *famille,*
l'âme humaine s'épanouit, où les affections pures se fortifient, où
le caractère se trempe, où prennent naissance les vertus civiques.

Enfin le Dimanche, *jour du Seigneur,* offre à l'homme l'occasion de s'élever jusqu'à Celui qui seul peut répondre à tous

les besoins de sa raison, de son cœur et de sa conscience. Jour du culte et de l'Église, il rassemble devant Dieu les petits et les grands, les savants et les ignorants, les pauvres et les riches, en leur donnant à tous les mêmes privilèges et les mêmes titres.

C'est ainsi qu'à tous égards, au point de vue matériel, moral et religieux, le Dimanche est, dans toute l'étendue du terme, *le jour de l'homme*. Il a été fait pour l'homme, il nous permet de redevenir véritablement hommes et de reconquérir au milieu de la création la position que nous avons perdue. Il n'est rien dans la vie de l'humanité qui ne se rattache en quelque manière au Dimanche. De là son importance immense dans la *question sociale*.

Qu'est-ce qui fait que cette question se pose partout, non pas comme un simple problème plus ou moins digne d'intérêt, mais comme une menace, comme un danger imminent qu'il s'agit de conjurer? Quelle est la cause du mécontentement qui s'amasse dans les cœurs et de la haine qui fermente dans les couches profondes de la population dite „ouvrière"? Cette cause est multiple, sans doute, et cette haine est loin d'être toujours excusable. Mais il est certain cependant qu'une grande partie de notre humanité se sent *en dehors des conditions d'existence nécessaires à la vie humaine*. Le travail poussé à l'excès, les plaisirs coupables, la dissipation, le matérialisme théorique et pratique, abrutissent l'intelligence, faussent la conscience, aigrissent ou endurcissent le cœur, tuent l'homme en un mot. Or, notre société se sent malade; elle ne se rend pas compte des vraies causes de son mal, elle s'en prend aux institutions politiques, au mauvais vouloir de ceux que l'on appelle „privilégiés", elle ne considère pas que la vraie cause de sa ruine est la violation des lois divines qui, dès la création, ont déterminé les conditions normales de la vie humaine. Le Dimanche, sans doute, ne peut pas, à lui seul, transformer les conditions du travail, éclairer les intelligences, apaiser et purifier les cœurs. Mais au moins il ouvre la porte aux influences morales et religieuses, à l'esprit d'ordre, de liberté, d'apaisement et d'amour réciproque qui sauvera l'humanité; partout où il est profané, cette porte se ferme.

Insensés donc et coupables sont les hommes qui font fi du jour du repos. Ils sont responsables du malaise actuel et des orages à venir.

Nous pensons ici avant tout aux *ouvriers* eux-mêmes, ou du moins à ceux d'entre eux qui, pouvant jouir du Dimanche, n'usent pas de leur liberté ou en abusent. Nous les entendons parler avec aigreur de leur esclavage, et nous reconnaissons que leur position est souvent difficile. N'ayant pas de capital assuré, ils peuvent être d'un moment à l'autre en danger de manquer de tout; leur liberté est limitée en ce sens qu'ils dépendent d'un ensemble de circonstances qu'il n'est pas en leur pouvoir de modifier. Mais un esclavage auquel ils ne prennent pas garde, et le plus grave de tous, c'est celui dont ils sont eux-mêmes les auteurs. Car le travail immodéré auquel ils se livrent en se privant de leur Dimanche, aussi bien que les plaisirs déréglés qui succèdent à l'excès de fatigue, rabaissent l'homme au rang d'esclave et le rendent incapable de se dominer lui-même. Ce qui a dégradé les esclaves de l'antiquité, au point que les plus distingués d'entre les philosophes se demandaient sérieusement si l'esclave a une âme, c'est, d'une part l'excès du travail, d'autre part les vices grossiers, deux choses qui bien souvent marchent de pair. Ceux donc qui nous interdisent au nom de Dieu le travail du septième jour nous interdisent par là même de redescendre au rang d'esclaves, et la loi qu'ils nous imposent est une loi de liberté, puisqu'en l'observant nous renouvelons notre provision de forces physiques et notre énergie morale.

Mais, reconnaissons-le, les ouvriers ne sont pas seuls coupables, et un grand nombre de ceux qui grossissent les rangs des mécontents ont puisé le germe de leur mauvais socialisme . . . chez leurs *maîtres* et leurs patrons! Nous n'hésitons pas à dire que les maîtres qui exigent de leurs employés le travail du Dimanche travaillent au profit de la révolution sociale. Ils ne réfléchissent pas qu'ils poussent les hommes sans grande culture intellectuelle et morale à chercher, la nuit, dans des jouissances abrutissantes, une compensation au repos dont ils sont privés. Dépassant, en fait de travail, les limites normales, ces malheureux s'imaginent qu'ils ont le droit, lorsque vient l'heure du délassement, d'outrepasser aussi toutes les bornes, et, sans parler des flétrissures morales qu'ils s'infligent à eux-mêmes, ils perdent en une nuit plus d'argent qu'ils n'en auraient dépensé s'ils avaient célébré le Dimanche avec leur famille. Dégradation de l'âme, ruine de la santé, misère matérielle, autant d'anneaux d'une même chaîne. Le corps affaibli perd son aptitude au travail, les gains diminuent, les maladies surviennent, et voici les dettes, la faim, la ruine.

Sans même être chefs d'atelier, directeurs d'usines, etc., nous pouvons avoir, comme le dit l'Exode, „des étrangers dans nos portes," des apprentis, des domestiques, et notre devoir est de respecter leur Dimanche, en réduisant, ce jour-là, autant que possible, leur service. Usons en outre de toute notre influence pour les retenir loin des distractions qui leur sont nuisibles, ne leur enlevons jamais la liberté d'assister au service divin, et procurons-leur de bonnes lectures. L'ouvrier qui ne subit pas de bonnes influences, en subit de mauvaises, et les instincts les moins nobles de sa nature ne tardent pas à prendre le dessus. Bientôt il n'a plus d'autre but en ce monde que de satisfaire ses caprices égoïstes, les liens d'affection, de dévouement, de reconnaissance qui l'attachent à ses vrais amis se relâchent, son horizon se rétrécit, et ses goûts le portent toujours plus bas. Les jouissances grossières des sens deviennent tôt ou tard la seule raison d'être d'une telle existence, et ce jeune homme, autrefois peut-être disposé au bien, mais dépouillé maintenant de sa dignité d'homme et de sa véritable indépendance, se livre au premier agitateur venu. Incapable de juger par lui-même des questions que l'on discute devant lui, il écoute les grands parleurs de la cause „sociale“. C'est à eux qu'il sacrifie ses gains péniblement acquis, et non-seulement ses gains, mais le peu de goût qui lui restait pour le travail et les dernières affections pures qui le rattachaient au foyer domestique; c'est eux enfin qu'il suit aveuglément partout où ils le conduisent, même au besoin jusqu'aux crimes de la Commune; son chez-soi n'est plus la famille, mais la rue.

Si donc notre société veut éviter les grandes catastrophes, qui d'ailleurs ne feraient que retarder son développement, si elle veut s'avancer par une voie de progrès vers une liberté toujours plus complète, si l'humanité veut vivre et grandir, que tous, petits et grands, maîtres et ouvriers *se souviennent du jour du repos.*

Mais *que ce repos soit sanctifié,* car alors seulement il restera un véritable repos; bien plus, il fera luire sur notre vie tout entière la lumière d'une vie supérieure et divine.

CONCLUSION.

Comment observerons-nous le Dimanche pour que, soit au point de vue hygiénique, soit au point de vue social, il devienne pour nous un jour de bénédiction?

Il est évident qu'avant tout nous envisagerons ce jour comme un jour de *repos*. Nous sortirons du cercle de nos occupations ordinaires, nous appliquant à ne pas faire ce que nous avons fait pendant les six jours ouvriers et même à n'y pas penser. Après tout ce que nous avons dit, il est inutile d'insister sur ce point.

Mais *comment emploierons-nous ces heures de repos?* Car il ne peut pas être question d'une inaction complète ou d'une sorte de réclusion ennuyeuse sur un canapé. Ce repos-là ne donnerait pas satisfaction au besoin que nos poumons éprouvent du grand air; il ne stimulerait pas la circulation du sang et serait encore moins propre à développer les forces morales de notre être spirituel. Le véritable repos ne consiste pas à ne rien faire, mais à changer d'occupations.

Nous n'avons pas la prétention de donner des directions détaillées sur la manière dont chacun doit s'y prendre à cet égard. Ce qui, pour l'un, est un travail, peut être, pour un autre, un délassement. L'écrivain, le cordonnier et le tailleur, qui passent la semaine enfermés dans une chambre étroite, se reposeront en parcourant les champs et les forêts, tandis que le facteur, le journalier, l'agriculteur, appelés à se mouvoir constamment en plein air, ont besoin de laisser se reposer les muscles de la marche, en s'étendant à l'ombre d'un arbre, ou en restant dans leurs demeures. Ils liront à la maison un livre qu'ils n'ont pas le loisir d'ouvrir la semaine, ou ils profiteront de ces heures précieuses pour s'occuper de leurs enfants.

Quelle que soit cependant la variété des occupations humaines et par conséquent aussi des différents emplois que l'on peut faire du jour du repos, on peut indiquer quelques règles générales, applicables à tous les cas.

1. Non-seulement les occupations du Dimanche doivent être de tout autre nature que celles de la semaine, mais encore il ne faut pas qu'elles constituent pour nous une servitude, un travail imposé par devoir; ce doit être une activité volontaire et destinée à nous délasser. Ainsi, à l'exception des pré-

parations nécessaires pour les repas du Dimanche, préparations qui, d'ailleurs, peuvent se faire en partie la veille, tout travail servile doit être exclu du Dimanche. Aussi la loi biblique du sabbat ne se borne-t-elle pas à nous parler du repos que nous devons observer pour nous-mêmes ; elle nous prescrit le devoir de ne pas faire travailler ceux qui sont placés sous nos ordres. La loi sociale du Dimanche veut donc *l'affranchissement de tout travail imposé.* Pour que cet affranchissement fût complet, il faudrait que les occupations ordinaires cessassent déjà le samedi après-midi, sans quoi toute espèce d'arrangements et de travaux forcément négligés pendant la semaine retombent sur le Dimanche. Les soins de propreté à donner au corps, ainsi que le nettoyage de la maison et de ses abords devraient être achevés le samedi, quoiqu'il faille se garder de cette hâte fiévreuse qui épuise le corps, engendre la fameuse migraine du Dimanche et empêche par conséquent le repos de produire ses bons effets. Si les travaux culinaires doivent être diminués autant que possible le Dimanche, il faut considérer cependant qu'une nourriture fortifiante, propre à nourrir nos muscles d'une quantité suffisante d'albumine, est désirable pour le rétablissement complet de nos forces.

2. Les occupations que nous avons librement choisies *ne doivent pas exiger de nous de trop grands efforts.* Les exercices violents tels que la chasse, par exemple, ne répondent guère au but hygiénique du Dimanche, puisqu'ils sont de nature à épuiser le corps ; ils rendent de plus impossible le recueillement et ne s'accordent guère avec les joies tranquilles de la vie de famille. D'ailleurs, l'excès de la jouissance est aussi dangereux que la privation de repos. C'est pour nous un devoir et non-seulement un droit de nous reposer le Dimanche. Les danses excitantes, les jeux propres à épuiser le corps, aussi bien qu'à fatiguer l'esprit, les fêtes qui rappellent les bacchanales et les saturnales du paganisme vont directement à l'encontre du but que nous devons nous proposer en célébrant le Dimanche, sans parler de l'augmentation de travail que ces fêtes réclament d'un nombreux personnel. En général les joies bruyantes ne sont pas de véritables joies. L'excitation des sens, qui ne provoque dans l'âme que des émotions malsaines, laisse après elle le vide et le dégoût.

3. Il est bon de passer, autant que possible, une partie de la journée *en plein air.* Nos nerfs fatigués, les différents organes de la vue, de l'ouïe, de l'odorat, le fonctionnement des poumons et la circulation du sang, tout notre être physique, en un mot, réclame le mouvement au grand air, et notre âme,

de son côté, a besoin de se laisser rafraîchir, stimuler, impressionner par la contemplation des beautés infiniment variées de la création.

4. Pour produire tous ses bons effets, même au point de vue hygiénique, le Dimanche doit nous offrir l'occasion *d'élever notre âme à Dieu*. Il nous faut un Sauveur qui nous délivre du poids écrasant des préoccupations terrestres et du sentiment douloureux de notre propre imperfection; il faut que notre âme, affranchie de tout esclavage, soit replacée dans son véritable élément et retrouve la force morale dont elle a besoin pour ne pas être dominée par les instincts inférieurs de notre nature. Avant tout il s'agit pour nous de relations personnelles avec Dieu; rien ne saurait les remplacer. Quant au *culte public*, il est d'une grande importance dans la question que nous traitons ici, parce qu'il est particulièrement propre à développer en nous le sentiment de la communion fraternelle. L'association des âmes dans la poursuite du même but, sous le regard du même Dieu, établit entre les hommes un lien plus puissant que toutes les relations d'affaires ou même que les liens du sang. Elle nous donne le sentiment que nous ne sommes pas isolés, mais que nous vivons au sein d'une grande famille composée d'hommes de toute condition, différents de nous en une multitude de points et pourtant tous animés du même esprit et des mêmes espérances. Nous nous sentons ranimés au contact de cette foi commune aux enfants du même Dieu, et nous éprouvons l'avant-goût de la communion à venir de tous les croyants dans une meilleure existence.

Ce serait, au reste, nous faire du Dimanche une idée fausse que de nous le représenter comme un jour tendu de noir, où nous ayons à pencher la tête dans une dévotion ennuyeuse et formaliste. La vraie piété est au contraire la source d'une joie permanente, je dirai même d'une gaieté sereine; elle tient en réserve pour nous, en ce jour de repos et de liberté, des jouissances vives et variées. Jouissez de votre Dimanche; profitez-en, pour détacher vos pensées de la vie ordinaire et des préoccupations relatives à vos gains et à vos pertes; plongez les chagrins, les ressentiments, tout ce qui vous oppresse dans l'océan de l'amour divin. Si nous ne recommandons pas les joies bruyantes ou excitantes, il en reste assez d'autres plus dignes de nous et plus propres à embellir nos heures de liberté. Ce sont avant tout celles de la famille. Nulle part nous ne sommes plus complètement libres que dans le cercle des nôtres; la contrainte ne nous y suit pas, et, vis-à-vis de ceux que nous aimons, nous n'avons pas l'idée, si fausse d'ailleurs, mais

si naturelle à notre cœur, de nous poser en personnages différents de ce que nous sommes en réalité. Rien n'est plus propre
à délasser un homme fatigué que la joie naïve des enfants et
la franche gaieté du foyer domestique. Puis nous avons les
joies de l'amitié, celles de la bienfaisance et de la charité,
car qu'est-ce qui nous empêche de consacrer une partie de
notre Dimanche aux pauvres, aux malades, ou aux personnes
âgées? Enfin l'art et la science nous offrent des jouissances
qui n'ont rien de contraire à l'esprit du Dimanche, pourvu
qu'elles n'exigent pas de nous de trop grands efforts et qu'elles
ne troublent pas le repos du prochain. Les classes ouvrières,
en particulier, qui n'ont pas seulement besoin de repos, mais
d'une véritable nourriture intellectuelle, trouveront, le Dimanche,
l'occasion de se développer à cet égard, en profitant des musées,
bibliothèques, salles de lecture, conférences publiques, jardins
botaniques ou zoologiques, etc.

Si nous considérons maintenant *la manière dont le Dimanche
est observé dans notre pays*, nous devons reconnaître avec con-
fusion que nous sommes bien éloignés, dans la pratique, des
principes que nous avons reconnus vrais. Ils sont nombreux
ceux qui travaillent le Dimanche, soit qu'ils s'y sentent poussés
par le besoin ou que leur vocation les y contraigne, soit qu'ils
le fassent de plein gré, tandis que d'autres, plus nombreux
encore, consument leurs forces dans des plaisirs étourdissants
et énervants. D'autres enfin, tout en se reposant en apparence,
ne peuvent pas détacher leur esprit des affaires, des spécula-
tions, des soucis relatifs à leurs travaux. Par habitude ou
étroitesse d'esprit, ils ne sortent plus du petit cercle d'idées,
toutes relatives à la vie matérielle, dans lequel ils se meuvent,
et ils semblent incapables de prendre leur élan vers les régions
sereines où l'esprit de l'homme retrouve sa noblesse et sa
liberté.

On peut dire cependant, d'une manière générale, qu'en Suisse
le travail est suspendu le Dimanche; les fabriques et les grandes
usines ne fonctionnent pas. Mais combien de fabriques moins
importantes, de comptoirs de commerce, de maisons particulières surtout, où l'on travaille, sinon toute la journée, au
moins le matin. On fait des réparations, on nettoie, on coud,
on repasse le linge, on met la main à une quantité de petits
travaux arriérés pour lesquels, dit-on en guise d'excuse, le
temps a manqué pendant la semaine. Bien des gens se font
même une règle de renvoyer au Dimanche leur correspondance
particulière, leur tenue de livres ou le règlement de comptes

qui ne rentrent pas précisément dans ce qu'ils appellent leurs affaires. Si l'on comprenait qu'un demi-Dimanche ne suffit pas, mais qu'un jour entier de repos est nécessaire à la santé du corps et de l'âme, on ne chercherait pas à amoindrir le Dimanche par toute espèce d'empiètements.

Si quelqu'un se croit obligé de travailler le Dimanche, voici ce que nous avons à lui répondre : Ou bien vous n'avez pas fait un bon emploi des jours de la semaine, et vous n'avez pas su distribuer sagement votre temps et votre ouvrage ; dans ce cas le travail du Dimanche ne fait que rendre plus grand encore le désordre dans lequel vous vivez, en vous enlevant l'énergie dont vous avez besoin pour un travail régulier. Ou bien vous avez fait votre devoir pendant la semaine, et dans ce cas, si vous êtes obligé de travailler le Dimanche, c'est que vous avez entrepris une tâche trop grande pour vos forces et propre à les user promptement. Dans l'un et l'autre cas, le travail du Dimanche vous conduit à une ruine corporelle et spirituelle prématurée ; car la ruine est la conséquence du désordre dans le travail, aussi bien que d'une trop grande dépense de forces.

Il n'y a en réalité que très peu de vocations incompatibles avec le repos du Dimanche ; ce sont celles des ecclésiastiques, des médecins, des sages-femmes et des pharmaciens ; ce sont là des activités nécessaires au soulagement immédiat de l'humanité.

Les *ecclésiastiques*, au moins ceux d'entre eux qui sont chargés d'une tâche considérable, feront bien, pour éviter une trop grande fatigue de tête ou un affaiblissement général du système nerveux, de se réserver autant que possible un jour par semaine où ils pourront se reposer.

Quant aux *médecins*, qui, plus que qui que ce soit, auraient besoin du repos du Dimanche, les vacances annuelles dont nous avons parlé et que nous avons appelées un Dimanche prolongé leur sont indispensables.

Les *pharmaciens*, enchaînés pendant toute la semaine à leur laboratoire, obligés, à cause de la grande responsabilité qui pèse sur eux, d'avoir constamment l'esprit tendu, appelés en outre à respirer sans cesse toute espèce d'essences et de substances chimiques, devraient pouvoir sortir de temps en temps de leurs officines. Cela ne serait point impossible dans les villes, s'il s'établissait entre eux une entente, en vertu de laquelle ils fermeraient tour à tour leurs pharmacies, tout en invitant le public à se procurer le samedi certains médicaments qu'on sait d'avance devoir acheter le lendemain. Des expériences faites dans plusieurs villes, grandes ou petites, prouvent qu'une entente pareille n'est point impossible.

Tous les travaux qui ne rentrent pas directement, comme les précédents, dans l'exercice de la charité peuvent et doivent être suspendus le Dimanche. Mais combien nous voyons de personnes au visage amaigri, pâle, flétri, qui passent ce jour-là aussi bien que les jours ouvrables derrière leur machine à coudre ou leur table de magasin, et qui ne savent plus ce que c'est qu'un soleil brillant, un air pur et vivifiant. Combien d'âmes, autrefois pleines d'espérance et d'enthousiasme, en sont maintenant à ramper terre à terre, abattues, tuées par une vie toute mercantile.

Le fait que les *magasins* s'ouvrent le Dimanche prouve que l'on ne comprend plus ce que c'est qu'un jour de repos sanctifié ou que le désir immodéré et inintelligent du gain l'emporte sur le respect pour le caractère religieux du Dimanche. Une recette d'argent sonnant ferme les yeux sur la perte considérable de fraîcheur, de vigueur et de joie qui résulte toujours de la profanation du Dimanche. Il est des gens qui s'imaginent que la vente du Dimanche répond à un besoin réel du public, mais ils ne considèrent pas qu'en ouvrant leur magasin ils habituent précisément une partie — et sans doute pas la meilleure — de leur clientèle à profaner le Dimanche, tandis qu'en fermant leur magasin ils habitueraient au contraire leurs pratiques à faire leurs achats le samedi. Si donc les acheteurs sont coupables, les vendeurs le sont certainement aussi. Toutefois, si les acheteurs, pour ne pas priver leur prochain des bienfaits du Dimanche, s'entendaient pour ne rien acheter ce jour-là, on peut supposer que les marchands seraient tout heureux de fermer leurs magasins.

La société actuelle a encore de grands progrès à faire pour arriver à observer la règle la plus élémentaire de la justice, celle qui consiste à ne pas imposer à autrui ce que nous envisagerions comme nous étant nuisible ou désagréable à nous-mêmes.

Les *grands commerçants* qui exigent de leurs commis le travail du Dimanche, ou du moins d'une partie du Dimanche, ne pensent pas à la responsabilité dont ils se chargent. Pourront-ils rétablir les santés ruinées, redresser ces corps et ces intelligences arrêtés et comprimés dans leur développement? Font-ils entrer dans leurs calculs les richesses du cœur, de l'esprit et de la conscience que leurs jeunes employés perdent en perdant leur Dimanche? On objecte qu'une fois engagé dans le courant commercial et financier, il faut s'occuper le

Dimanche, du plus pressant, si l'on veut gagner quelque chose.

L'Angleterre et les États-Unis ne sont certes pas moins lancés que d'autres pays dans le courant industriel et commercial, et pourtant les grands commerçants de Londres, de Manchester ou de New-York, si habiles, d'ailleurs, à discerner ce qui est conforme à leur intérêt, n'ont pas l'idée, le Dimanche, de s'occuper des affaires courantes ou même de vaquer à leur correspondance.

Quant aux *chemins de fer*, les plus grandes de nos entreprises industrielles, non-seulement ils exigent de leurs employés le travail du Dimanche, et un travail beaucoup plus fatiguant que celui des autres jours, mais par des trains spéciaux et des billets à prix réduits ils convient le grand public à des courses peu dispendieuses en apparence, mais qui, en réalité, absorbent les gains de la semaine et ne procurent à ceux qui y participent qu'étourdissement, fatigue et dissipation d'esprit. Abstraction faite de ces trains de plaisir, je ne voudrais pas m'élever d'une manière générale contre toutes les courses du Dimanche, qui peuvent être un moyen de procurer à bien des personnes le délassement dont elles ont besoin, mais la santé des employés, le bien public et la prospérité nationale gagneraient certainement beaucoup à la suppression des trains de marchandises et du travail dans les gares de marchandises, suppression qui devrait être réelle et ne pas figurer seulement sur le papier. En outre les trains de voyageurs, au lieu d'être augmentés, pourraient être diminués, de manière à ce que les employés eussent un Dimanche de liberté sur deux.

En Angleterre, le trafic du Dimanche est de beaucoup inférieur à celui des autres jours. D'après le rapport présenté par le révérend Gritton au Congrès international de Genève, en 1876, le total des trains de voyageurs et de marchandises qui circulent dans ce pays s'élève pour le Dimanche à 8,383, et pour les jours de semaine à 37,325, ce qui donne une proportion moindre encore que celle de 1 à 4. Sur certaines lignes de chemins de fer américains, la suppression des trains est complète, le Dimanche. D'après un rapport, qui date, il est vrai, de quelques années, la compagnie New-York - New-Haven n'a, le Dimanche, qu'un seul train, avec un seul waggon; on y compte en moyenne 15 voyageurs, tandis que les trains de la semaine transportent en moyenne 3000 personnes, ce qui prouve qu'aux États-Unis le public n'éprouve pas le besoin de voyager le Dimanche. Dans le Texas la circulation des trains de voyageurs, aussi bien que de marchandises, est interdite le Dimanche, même sur la ligne principale qui traverse tout le territoire de cet État.

Il n'est pas possible, sans doute, d'introduire chez nous les mœurs américaines, mais ces données contrastent d'une manière frappante avec l'usage ou plutôt avec l'abus que les compagnies de chemins de fer font chez nous du Dimanche à leur propre dommage, aussi bien qu'à celui du public.

C'est un dommage considérable, en effet, pour une nation, que celui qui résulte de la profanation du Dimanche. A l'augmentation des folles dépenses, des plaisirs coupables, des jouissances purement matérielles correspond infailliblement une diminution proportionnée du bien-être général, un affaiblissement des corps et des âmes, un affaissement toujours plus prononcé du bon sens et du sens moral. Les masses, lancées dans cette voie et prenant l'habitude de tourner en dissolution ce qui leur est donné pour leur relèvement, ne vivent bientôt plus que dans une agitation fiévreuse, de telle sorte que le Dimanche, qui devait les rapprocher du ciel, les fait descendre toujours plus vers la ruine et la mort.

Bien des gens, désireux de voir le jour du repos reprendre son véritable caractère, fondent toutes leurs espérances sur *l'Etat,* ses lois et sa police. D'autre part les gouvernements se montrent plutôt disposés à se désintéresser de cet ordre de questions et à laisser en particulier à l'initiative individuelle tout ce qui concerne l'observation du Dimanche. Comme institution religieuse, sans doute, le Dimanche ne doit plus compter comme autrefois sur la protection officielle, l'État n'ayant plus à prendre parti pour ou contre telle ou telle institution religieuse. Mais dès le moment où il est reconnu que le repos hebdomadaire est un des postulats de l'hygiène, une des colonnes de la prospérité nationale et même de la sécurité sociale, il a droit, aussi bien que les autres principes de l'hygiène, à la protection de l'État. De même que l'autorité a l'œil ouvert sur tout ce qui concerne la salubrité publique et qu'elle ne permet pas que le repos de la nuit soit troublé, elle doit faire respecter aussi le repos du septième jour, et c'est avec raison qu'en Suisse elle interdit le travail du Dimanche dans les fabriques. Nous aurions besoin aussi d'être protégés par la loi contre le tapage, les plaisirs bruyants, excitants, propres à épuiser les forces de ceux qui y prennent part aussi bien qu'à ruiner la santé du personnel des cafés et à troubler le repos des voisins.

Au reste, le rôle de l'État vis-à-vis du Dimanche consiste moins à émettre des lois protectrices qu'à donner, comme personne morale, le bon exemple à toute la nation. Qu'il ferme ses bureaux le Dimanche, et laisse à tous ses employés un repos complet; qu'il ordonne la suspension du travail dans les chantiers nationaux et ne convie jamais, pour ce jour-là, les citoyens à l'accomplissement de services obligatoires; qu'il exige des particuliers ou des sociétés auxquels il accorde des concessions qu'ils aient égard aux droits de leurs employés, en observant le repos du Dimanche. Il pourra, par exemple, user de son autorité vis-à-vis des compagnies de chemins de fer ou des établissements publics, cafés, restaurants, etc., et lors même qu'une petite minorité se croirait lésée dans ses droits ou dans sa cupidité, c'est ici une question dans laquelle l'État doit avoir en vue, avant tout, le bien de l'ensemble.

Si nous ne demandons guère autre chose à l'État que de prêcher d'exemple dans cette question que nous envisageons cependant comme une question vitale pour une nation, nous déplorons d'autant plus de voir que, même le peu que nous demandons ne se fait pas. Les bureaux des gouvernements sont loin d'être tous fermés, dans nos cantons suisses, et les officiers de l'état-civil, après être restés, le samedi, plus tard que les autres jours, à la disposition du public, doivent terminer, le Dimanche, leurs tableaux statistiques pour les envoyer à Berne. Quant aux autorités militaires, non-seulement elles ne tiennent aucun compte du Dimanche, mais, par une économie mal entendue, elles fixent précisément ce jour-là pour l'entrée en caserne ou le licenciement des milices; or on sait que ces jours d'entrée et de sortie sont les plus bruyants de toute la durée du service. Dans les exercices, les marches et les manœuvres, le Dimanche, loin d'être toujours respecté, est souvent choisi pour les travaux les plus pénibles. Combien nous sommes confus, en face de tels exemples donnés à la nation tout entière, lorsque nous lisons l'ordre du jour suivant du président Lincoln : „Le Président, général en chef de toutes les troupes de terre et de mer, ordonne à tous les officiers, soldats et matelots d'observer le Dimanche. La haute importance, pour les hommes et les animaux, d'un jour de repos sur sept, les devoirs sacrés des soldats et des matelots, le respect qu'ils doivent aux sentiments les plus relevés d'un peuple chrétien, et l'obéissance aux lois divines exigent que le service de l'armée et de la marine soit réduit, le Dimanche, au plus strict nécessaire. L'ordre, la discipline et le caractère de nos forces nationales, en même temps que la cause qu'elles défendent, ne doivent pas être compromis par la profanation du jour ou du nom du Tout-Puissant.“

En principe, il vaut mieux que le Dimanche soit protégé par l'opinion publique que par l'État et que, chacun concourant volontairement et par conviction à conserver à ce jour son caractère sacré, l'intervention de l'autorité soit rendue inutile. Mais pour cela il faut que tous les bons citoyens mettent courageusement la main à l'œuvre commune. Ils devraient tous prendre à tâche de montrer le bon exemple, bien plus, ils devraient être, dans le milieu où ils vivent, les apôtres convaincus et résolus d'une cause si importante pour la prospérité matérielle et pour le développement spirituel et moral des peuples.

Et pour que cette action n'en reste pas à quelques paroles bien vite oubliées, il faut que des associations libres réunissent tous ceux qui sont animés du même sentiment. A Genève, 150 entrepreneurs en bâtiments se sont engagés par signature à s'abstenir de tout travail du Dimanche, et plusieurs centaines de commerçants se sont décidés à fermer complétement ce jour-là leurs bureaux ou leurs magasins. D'autre part, un grand nombre de personnes se sont fait un devoir de ne rien acheter le Dimanche; elles font leurs provisions le samedi. Dans d'autres endroits, des sociétés se sont formées dans le but de procurer aux ouvriers des récréations honnêtes et utiles, afin qu'ils ne deviennent pas les victimes de la débauche. Ainsi le directeur des magasins du „Bon marché,“ à Paris, réunit, le Dimanche, ses nombreux employés dans des salles où ils trouvent des jeux, des livres instructifs et intéressants, où ils exécutent des concerts et se livrent en un mot à toute espèce d'occupations propres à les délasser d'une manière utile et moralisante. A Stralsund, un Comité dominical ouvre le Dimanche soir, pour les apprentis et autres jeunes gens, une salle spéciale où ils font de la musique, lisent de bons livres, et où on leur donne des conférences à leur portée. De cette manière on en réunit quelquefois jusqu'à 300, qui se trouvent ainsi soustraits à l'influence du cabaret.

· Si seulement tous ceux qui s'intéressent au bien public veulent agir individuellement et par association, le Dimanche pourra être relevé de la déchéance où il est tombé; il reprendra sa place dans la vie de la société et fournira à tous les hommes de bonne volonté l'occasion de s'unir pour travailler à la guérison des maux de tous genres dont souffre notre époque. A tous ceux qui l'observeront pour leur propre bien et pour le bien de leurs semblables, il donnera l'avant-goût de ce sabbat éternel où il n'y aura plus de larmes, ni de souffrances, ni de peines d'aucun genre, et où la mort ne sera plus.

Imprimerie de FERD. RIEHM à Bâle.